Mgr Henri DELASSUS
DOCTEUR EN THÉOLOGIE

L'ESPRIT FAMILIAL

dans la Maison, dans la Cité et dans l'Etat

Société Saint-Augustin
Desclée, De Brouwer et Cie
LILLE, 41, Rue du Metz

DU MÊME AUTEUR :

L'Américanisme et la Conjuration antichrétienne. In-2 de XL-448 pages. *Epuisé* 3-50

Le Problème de l'heure présente. Nouvelle édition corrigée et complétée. Deux volumes in-8° de X-673 et de 709 pages, *Epuisé*. . . . . 12 fr.

Il existe de cet ouvrage une traduction italienne. En vente à Rome. Prix. . . . . 12 fr.

Vérités sociales et erreurs démocratiques. In-12 de 412 pages 3.50

VIENNENT DE PARAITRE :

La Conjuration antichrétienne. Le Temple maçonnique voulant s'élever sur les ruines de l'Eglise catholique. 3 volumes in-12 comprenant 1,840 pages. 9 fr.

La Question juive. Pages détachées du livre *La Conjuration antichrétienne.* In-12 de 204 pages . . . . 2 fr.

La Condamnation du Modernisme social dans la Censure du Sillon. Lettre du Souverain Pontife aux évêques de France et Réponses à diverses questions au sujet de cette lettre. In-8° de 64 pages . . . . . 1 fr.

L'ESPRIT FAMILIAL

Mgr Henri DELASSUS
DOCTEUR EN THÉOLOGIE

L'ESPRIT FAMILIAL

dans la Maison, dans la Cité et dans l'Etat

Société Saint-Augustin

Desclée, De Brouwer et Cie
LILLE, 41, Rue du Metz

NIHIL OBSTAT :

Insulis, die 18 Septembris 1910.

H. Quilliet,
librorum censor.

IMPRIMATUR :

Cameraci, die 19 Septembris 1910.

A. Massart,
vic. gen.
Domus Pontificiæ Antistes.

A

LA JEUNESSE

QUI ESPÈRE

ET

QUI VEUT

AVANT-PROPOS

« Nous arrivons à la dernière crise, à celle où l'on cesse de parler du salut des gouvernements, pour ne s'occuper que du salut suprême de la société. » Ces mots sont les premiers de l'Avant-propos que M. Blanc de Saint-Bonnet mit en tête du livre LA RESTAURATION, écrit en 1850. Un demi-siècle a passé sur cette prévision. Ce que les esprits supérieurs pouvaient lire, dès lors, dans les idées qui avaient cours, nous le lisons aujourd'hui dans les faits, dans les événements accomplis, plus encore dans ceux qui se préparent et qui sont imminents. Nous arrivons à la dernière crise, à celle où l'on sera réduit à se demander si la civilisation ne va pas être enlevée comme un brin de paille dans une tourmente, et la société anéantie.

Une revue anglaise, le *Crusader*, écrivait dans le même temps : « Nous voyons s'amonceler les signes de la grande et terrible lutte dans laquelle l'Europe sera divisée en deux vastes camps : l'un pour l'attaque, l'autre pour la défense de la liberté chrétienne. Dans cette lutte les armes ne seront pas seulement intellectuelles ou morales, elles seront aussi matérielles et physiques.

» L'heure est proche en effet, où la force brutale et la tyrannie césarienne seront elles-mêmes dévorées par le socialisme qui ronge les sociétés modernes. A cette heure, quand tous les pouvoirs venant de Dieu auront été brisés par la Révolution, et que la secte, fille de Satan, voudra régner sur le monde, les peuples chrétiens, forcés à défendre leurs autels et leurs foyers, pourront librement réagir contre les lois qui s'interposent entre eux et les lois de l'Eglise de Dieu... Alors viendra l'inévitable réaction et la révolte contre l'impiété et l'anarchie. Alors la jeunesse de chaque contrée où la Révolution a posé le pied, s'écriera avec les Machabées : « Mieux vaut mourir en combattant que de voir la désolation du sanctuaire » ; et jetant aux vents tous les calculs humains, elle formera dans chaque pays une phalange d'hommes prête à défendre jusqu'à la mort les libertés conquises par la Croix, prête à se réunir sous ce symbole à leurs frères de toute race et de toute nationalité. Alors les femmes enverront leurs fils et leurs époux au combat. Alors les pères ceindront leur épée pour défendre la foi de leurs enfants et la liberté de leurs autels ».

Dieu leur donnera la victoire.

Dans le livre intitulé : *La Conjuration antichrétienne*, nous en avons donné, non sans doute l'assurance, mais l'espoir sérieusement fondé. Sur les ruines de la Révolution devront s'élever les constructions nouvelles. A la jeunesse il appartient de s'y préparer, puisque c'est à elle que l'œuvre incombera. La première préparation est d'étudier les conditions d'existence, de vie et de prospérité que réclame la société humaine.

L'une de ces conditions est l'esprit familial qui est à restaurer dans la maison, dans la cité et dans l'Etat.

CHAPITRE PREMIER

COMMENT SE FORMENT LES ÉTATS

Præclare scriptum est a Platone, non solum nobis nati sumus... homines hominum causa esse generatos ut ipsi inter se alii aliis prodesse possent (Cicero, de Offic. I.).

La vérité sociale est à l'opposé de l'utopie démocratique.

L'utopie démocratique, c'est l'égalité. La démocratie rêve un état social n'ayant égard qu'aux individus, et à des individus socialement égaux.

Ce n'est pas ce que Dieu a voulu. Pour nous en convaincre, nous n'avons qu'à considérer ce qu'il a fait.

Dieu aurait pu créer chaque homme, comme il créa Adam, directement et par lui seul. Ainsi avait-il fait pour les anges. Et cependant là même il ne voulut point l'égalité! Il fit que chaque ange fût à lui seul une espèce distincte, répondant à une idée particulière, et ces idées réalisées, se graduant dans leur être, comme elles l'étaient dans la pensée divine.

Le genre humain formant une espèce unique,

l'égalité y aurait régné si nous avions tous reçu directement l'existence des mains du Créateur. Dieu avait d'autres desseins. Il voulut que nous reçussions la vie les uns des autres, et que par là nous fussions constitués, non dans la liberté et l'égalité sociales, mais dans la dépendance de nos parents, et dans la hiérarchie qui devait naître de cette dépendance (1).

Dieu créa Adam; puis il tira du corps d'Adam la chair dont il fit le corps d'Eve. Il bénit alors l'homme et la femme et leur dit : « Soyez féconds, multipliez, remplissez la terre et soumettez-la. »

Dieu créa ainsi la famille; il en fit une société, et il la constitua sur un tout autre plan que celui de l'égalité sociale : la femme *soumise* à l'homme et les enfants *soumis* à leurs parents.

Nous trouvons donc, aux origines mêmes du genre humain, les trois grandes lois sociales : l'autorité, la hiérarchie et l'union; l'autorité qui appartient aux auteurs de la vie, la hiérarchie qui fait l'homme supérieur à la femme, et des parents les supérieurs de leurs enfants, l'union que doivent conserver entre eux ceux qu'un même sang vivifie.

Les Etats sont sortis de cette société première.

« La famille, dit Cicéron, est le principe de la cité et en quelque façon la semence de la Répu-

---

1. Chaque ange forme à lui seul une espèce distincte des autres. L'espèce humaine, partie de l'unité, se décompose en personnes et se recompose en familles et en nations par la parenté et l'affinité.

« Une nation est un ensemble d'individus issus de différentes races, mais unis par des liens complexes de la

blique. La famille se partage, tout en demeurant unie; les frères, leurs enfants et les enfants de ceux-ci, ne pouvant plus être contenus dans la maison paternelle, en sortent pour aller fonder, comme autant de colonies, des maisons nouvelles. Ils forment des alliances, de là les affinités et l'accroissement de la famille. Peu à peu, les

---

famille, et dont les ancêtres ont historiquement réagi les uns sur les autres, soumis à des sélections communes. Elle comprend les vivants, et des morts plus nombreux, et la postérité jusqu'à la fin des siècles, car la nation, d'une manière nécessaire, prétend à l'éternité et à l'universalité, c'est-à-dire à rester seule et à couvrir le globe entier de sa descendance.

» La nation qui commence à se former comprend des races diverses, en proportion différente, et réparties d'une certaine manière dans la hiérarchie sociale. De ces individus sort peu à peu un groupe plus compact. De génération en génération les lignées se conjuguent, se ramifient et se conjuguent encore à l'infini. La communauté de plasma s'établit dans toute la masse et il n'est point d'individu qui ne soit un peu parent de tous.

» Depuis quinze siècles, par exemple, que la France existe, c'est-à-dire depuis quarante-cinq générations, le nombre théorique des ancêtres de chaque contemporain est prodigieux, et celui des parents collatéraux inconcevable. Dès la vingtième génération, c'est-à-dire depuis 1.200, le nombre des auteurs directs de chaque individu s'élèverait à plus de deux millions, dont la moitié pour cette vingtième génération. Pour la quarante-cinquième on arrive à soixante-dix milliards environ dont la moitié représente les ancêtres au quarante-cinquième degré. Ces chiffres impossibles prouvent la prodigieuse répétition des mêmes personnes dans les diverses lignées du même individu, et la plus prodigieuse quantité de familles dans lesquelles il a pris des aïeuls. Et si l'on tient compte des parentés en ligne collatérale, par chacun de ces ancêtres, les chiffres deviennent si nombreux que non seulement ils ne disent plus rien, mais qu'on ne peut les aligner!

» Or, ce feutrage infini des parentés, que l'œuvre de générations a fait, ne s'est guère étendu dans l'espace en dehors de certaines limites. L'apparentage est très intense entre individus du même pays, moindre hors de la province, et très faible avec les étrangers. Les barrières poli-

maisons se multiplient, tout grandit, tout se développe et la République prend naissance (1). »

Bodin (XVIe siècle), dans son ouvrage *Les Six Livres de la République*, consacre, au livre III, le chapitre VII à montrer, « comment l'origine des corps et des communautés est venue de la famille ». Et M. de Savigny, dans son *Traité du Droit romain*, dit aussi : « Les familles forment le germe de l'Etat. »

Telles sont bien les origines du peuple de Dieu. Au point de départ, Abraham fonde une famille nouvelle; de cette famille sortent douze tribus et les tribus composent un peuple.

Il en fut de même pour les Gentils.

M. Fustel de Coulanges, dans son livre célèbre : *La Cité antique*, a démontré comment dans l'Hellas, aussi bien que dans l'Italie des Romains, l'Etat est né du foyer domestique. La *phratrie* des Grecs (société de frères), comme la *Gens* des Romains (sociétés des familles, issues de la même souche), n'étaient qu'une famille plus étendue, réunie sous un même chef qui, à Rome, portait le nom de père, *pater*, à Athènes, le nom d'*Eupatride*, père bon.

---

tiques, de plus en plus élevées jusqu'à la frontière de la nation, ont empêché les liens de s'établir.

» La nation apparait ainsi comme une immense famille complexe, limitée par des frontières. Les vivants sont solidaires des morts et ceux-ci de l'avenir. Assurément la plupart de ces liens sont infiniment ténus, sans cesse menacés ou brisés par le travail de la réversion, mais si entre-croisés que la trame reste forte, dans l'espace et dans le temps. »

(M. Vacher de Lapouge, *L'Aryen*, Son rôle social. Paris, 1899, in-8, p. 366-367).

1. *République*, Liv. I, 7.

A l'origine des civilisations assyrienne, égyptienne et autres, on trouve aussi une famille ou quelques familles qui d'abord se développent elles-mêmes et qui voient ensuite d'autres familles venir se grouper autour d'elles pour former la tribu, puis les tribus en s'agglomérant former les nations.

La phratrie chez les Grecs, la gens chez les Romains, n'étaient pas, comme les mots le font d'ailleurs comprendre, une association de familles; c'était la famille elle-même réunissant en un faisceau toutes les familles jaillies de son tronc, et ayant atteint, à travers les générations successives, par la force des traditions, un développement qui en faisait un groupe social déjà nombreux. Ce qui n'empêchait pas un certain nombre de familles étrangères de venir se placer sous la protection de ces familles principales, se faire leurs clientes et entrer dans la phratrie ou la gens par accesssion. « On voit par là, dit M. Fustel de Coulanges, que la famille des temps les plus anciens, avec sa branche aînée et ses branches cadettes, ses serviteurs et ses clients, pouvait former à la longue une société fort étendue. » Elle était maintenue dans l'unité par l'autorité du chef héréditaire dans la branche aînée.

Aux premiers temps de la civilisation hellénique, quelques familles importantes se partagent le pays et le gouvernent. Leurs chefs portent le nom de rois. Ces rois sont des agriculteurs. Ulysse, roi d'Ithaque, se vante d'être habile à faucher l'herbe, à tracer un sillon dans les champs. Leurs filles vont faire la lessive sur les bords de la mer d'Ionie. Les rapports les plus intimes lient ces chefs à ceux qui les entourent.

C'est d'un nombre indéfini de sociétés de cette nature que la race arienne paraît avoir été composée pendant une longue suite de siècles.

Nous voyons les groupements sociaux se constituer de même façon aux origines de notre monde moderne.

La famille, en s'étendant, a formé chez nous la Mesnie (1), comme elle avait formé la phratrie chez les Grecs et la gens chez les Romains. « Les parents groupés autour de leur chef, dit M. Flach (2), forment le noyau d'un compagnonnage étendu, la *mesnie*. Les textes du moyen âge, chroniques et chansons de geste, nous montrent la mesnie, étendue par le patronat et la clientèle, comme correspondant exactement à la gens des Romains. » Puis, M. Flach montre comment la mesnie se développant à son tour produisit le fief, famille plus étendue dont le suzerain est encore le père; si bien, que pour désigner l'ensemble des personnes réunies sous la suzeraineté d'un chef féodal, on rencontre fréquemment dans les textes des XIIe et XIIIe siècles, époque où le régime féodal eut son plein épanouissement, le mot « familia ». « Le baron, dit M. Flach, est

1. Mesnie, Magnie : maison, famille, comme on dit encore aujourd'hui la maison de France.

2. *Les Origines de l'ancienne France.*

avant tout un chef de famille. » Et l'historien cite des textes où le père est assimilé expressément au baron, le fils au vassal.

« Une plus grande étendue fait le haut baron. » Du petit fief sort le grand fief. L'agglomération des grands fiefs formera les royaumes.

C'est ainsi que s'est faite notre France. Le langage en témoigne aussi bien que l'histoire.

L'ensemble des personnes placées sous l'autorité du père de famille est appelé : *familia.* A partir du Xe siècle, l'ensemble des personnes réunies sous l'autorité du seigneur, chef de la mesnie, est appelé : *familia.* L'ensemble des personnes réunies sous l'autorité du baron, chef du fief féodal, est appelé : *familia.* Et nous verrons que l'ensemble des familles françaises fut gouverné comme une famille. Le territoire sur lequel s'exerçaient ces diverses autorités, qu'il s'agisse d'un chef de famille, du chef de la mesnie, du baron féodal ou du roi, s'appelle uniformément dans les documents : *patria*, le domaine du *père.* « *La patrie*, dit M. Franz Funck-Brentano, ce fut à l'origine le territoire de famille, la terre du père. Le mot s'étendit à la seigneurie et au royaume entier, le roi étant le père du peuple. L'ensemble des territoires sur lesquels s'exerçait l'autorité du roi s'appelait donc « Patrie ».

« Une seigneurie, écrit M. Seignobos, est un Etat en miniature, avec son armée, ses coutumes, son *ban* qui est l'ordonnance du seigneur, son tribunal. La France a été plus qu'un autre pays, surtout au Xe siècle, partagée en souverainetés de ce genre. Le compte n'en a pas été fait : il atteindrait certainement une dizaine de mille. »

En 989, un de ces barons féodaux, celui qui incarnait, de la manière la plus complète et la plus puissante, les caractères qui marquaient chacun d'eux, fut porté, — sous l'impulsion même du mouvement qui poussait la France à l'organisation de ses forces vives — au sommet du groupe social : Hugues Capet devint roi. Par l'intermédiaire du baron féodal, la royauté sortit de l'autorité qu'exerçait le père de famille.

Donc, partout la civilisation a commencé par la famille. Çà et là naissent des hommes chez qui se développent et agissent plus puissamment l'amour paternel et le désir de se perpétuer dans leurs descendants. Ils se livrent au travail avec plus d'ardeur, imposent à leurs appétits un frein plus continu et plus solide, gouvernent leur famille avec plus d'autorité, lui inspirent des mœurs plus sévères, qu'ils impriment dans les habitudes qu'ils font contracter. Ces habitudes se transmettent par l'éducation; elles deviennent des traditions qui maintiennent les nouvelles générations dans la voie ouverte par les ancêtres. La marche dans cette voie conduit la famille à une situation de plus en plus haute; en même temps, l'union que conservent entre elles toutes les branches issues du tronc primitif, leur donne une puissance qui s'accroît de jour en jour avec le nombre qui se multiplie et avec les richesses qui s'accumulent par le travail de tous.

Dans cette situation éminente, cette famille devient l'attention de celles qui l'entourent. Elles demandent à s'abriter sous sa force pour y trouver protection, et en retour lui promettent assistance. Parmi elles il s'en trouve qui se sentent stimulées par la prospérité dont elles sont témoins, et l'ambitionnant pour elles-mêmes, se laissent gouverner et instruire, s'efforcent de pratiquer les vertus dont elles ont sous les yeux l'exemple et les résultats.

Telle est l'origine historique de toutes les tribus; et l'origine des nations est toute semblable : les tribus s'agglomèrent comme se sont agglomérées les familles et toujours sous l'ascendant d'une famille *princière*. Le Contrat Social, qui fait se rassembler un beau jour des hommes étrangers les uns aux autres et les fait se lier entre eux par un pacte conventionnel, n'a jamais existé que dans l'imagination de Jean-Jacques; et si ses disciples ont tenté quelque part de se constituer ainsi en Etat, leur société factice n'a pas dû tarder à se dissoudre. Rien ne subsiste que ce qui est fait par la nature et selon ses lois. Ces lois, nous les avons vues agir aux origines des civilisations grecque et romaine, comme aux origines de la civilisation moderne. Les missionnaires et les explorateurs les constatent chez les sauvages. Pas plus chez eux qu'ailleurs, il n'y a de tribu que là où il y a un commencement d'organisation, et cette organisation, elle la tient de la prééminence d'une famille à laquelle les autres sont subordonnées.

C'est la hiérarchie dans sa première formation et l'aristocratie dans son premier état.

Chez nous, au milieu des ruines accumulées par les invasions des barbares, il n'y avait plus d'ordre, parce qu'il n'y avait plus d'autorité. Sous l'action des saints, des familles s'élevèrent animées des sentiments que le christianisme commençait à répandre dans le monde : sentiments de dévouement pour les petits et les faibles, sentiments de concorde et d'amour entre tous, sentiments de reconnaissance et de fidélité chez les protégés. L'hagiographie de cette époque nous fait assister partout à ce spectacle de familles qui s'élèvent ainsi au-dessus des autres par la force de leurs vertus.

Au-dessus de toutes, surgit, au Xe siècle, la famille de Hugues Capet, qui fit la France par la patience de son génie, par la persévérance de son dévouement, par la continuité de ses services. Il faut ajouter : « Et par la volonté et la grâce de Dieu » (1). Lorsque le comte de Mais-

---

1. Les monarchies chrétiennes de l'Europe, dit Dom Besse, sont toutes l'œuvre d'une famille. La France doit son existence politique à la famille de Hugues Capet. Hugues et ses pères avaient fourni des preuves multiples de leur valeur et de leur habileté. Ils méritaient la confiance. Sous leur protection, les familles jouissaient de la paix nécessaire à leur conservation et à leur développement. Un pacte fut conclu entre la maison capétienne et les maisons qui avaient autorité sur des terres et des foyers. De ce pacte sortit le noyau primitif, qui, par des accroissements réguliers, devait atteindre les limites du beau royaume de France.

Qu'on veuille bien le remarquer, le pacte royal ne liait pas la France à ses seuls souverains. La France est unie avec la famille de Hugues Capet, la dynastie capétienne:

tre releva cette expression de l'Ecriture : « C'est moi qui fais les rois », il ne manqua pas d'ajouter : « Ceci n'est point une métaphore, mais une loi du monde politique. Dieu *fait* les rois au pied de la lettre. Il prépare les races royales; il les mûrit au milieu d'un nuage qui cache leur origine. Elles paraissent ainsi couronnées de gloire et d'honneur ».

Et M. Blanc de Saint-Bonnet : « Quand *celui qui sonde les cœurs et les reins* choisit une famille parmi toutes les autres, son choix est réel et divin. Celle-ci le prouve bientôt (quoique la liberté lui reste pour recueillir ou dissiper ses dons) en fournissant plus de législateurs, de guerriers et de saints, que les familles les plus nobles, bien qu'en ce point celles-ci l'emportent déjà sur les autres dans une proportion prodigieuse » (1).

---

et, en gage d'union, elle a donné à cette dynastie auguste le droit de porter son nom; elle est pour toujours la Maison de France.

Le développement extraordinaire que prit le gouvernement de la France, surtout à partir du seizième siècle, et l'organisation de la vie de Cour, diminuèrent l'action directe de la famille royale sur la France. Elle resta cependant considérable; même sous Louis XIV et sous Louis XVI, la France avait bien à sa tête une famille. Cela est si vrai, que Napoléon n'hésita pas un instant à entrer dans cette voie. Il entraîna dans son ascension tous les Bonaparte. En Autriche, en Allemagne, en Belgique, en Angleterre, ailleurs encore, une famille préside aux destinées de la nation. Cette famille est aimée et respectée comme la première du pays. Elle personnifie ses traditions et ses gloires. Sa prospérité et celle du pays n'en sont qu'une. Elle porte en elle les espérances de l'avenir. Tous le savent et vivent en paix.

1. Pour ce qui est de la sainteté, il suffit, pour s'en convaincre, de parcourir n'importe quelle Vie des Saints. En s'en tenant au bréviaire, on s'aperçoit — l'observation

L'œuvre qu'elle accomplit marque que la main qui l'a choisie la soutient et la guide.

« Parti du néant, a dit M. Taine, le Roi de France a fait un Etat compact qui (au moment où éclate la Révolution) renferme vingt-six millions d'habitants et QUI EST ALORS LE PLUS PUISSANT DE L'EUROPE. Dans tout l'intervalle, il a été le chef de la défense publique, le libérateur du pays contre les étrangers.

» Au dedans, dès le douzième siècle, le casque en tête et toujours par les chemins, il est grand justicier, il démolit les tours des brigands féodaux, il réprime les excès des forts, il protège les opprimés, il abolit les guerres privées, il établit l'ordre et la paix : œuvre immense qui,

---

est de M. Blanc de Saint-Bonnet — que les familles nobles réunies en ont produit plus de trente-sept sur cent et les seules familles royales six, c'est-à-dire plus du vingtième! Même au dix-huitième siècle, où la noblesse était si déchue, les filles de nos rois étaient des saintes et leurs petits-fils des héros.

En admettant une famille noble sur cent et une famille royale ou princière sur deux cent mille, on aurait cette proportion; le même nombre de familles a produit, dans la noblesse, cinquante fois plus de saints que dans le peuple, et dans les maisons royales quatre cents fois plus que dans la noblesse ou vingt mille fois plus que dans le peuple.

Que sont, devant ces faits, les déclamations de la démocratie même chrétienne sur les vertus du peuple et les vices des grands! Des sots se font un argument contre l'institution monarchique des désordres de Louis XV. Ils ne songent point aux séductions dont il n'a cessé d'être entouré, et devant lesquelles ils auraient fait, eux, sans doute, meilleure figure. Ils ne songent pas non plus aux saints dont il était le fils et le père. Ils ne songent point à l'incroyable puissance de vertu qu'il a fallu à une famille plongée, depuis huit siècles, dans le bain dissolvant des plus grandes prospérités pour ne point retomber dans l'égoïsme et produire encore au bout de ce temps la sainteté.

de Louis-le-Gros à saint Louis, de Philippe-le-Bel à Charles VII et Louis XI, de Henri IV à Louis XIII et à Louis XIV, se continue sans s'interrompre.

» Cependant, toutes les choses utiles exécutées par son ordre ou développées sous son patronage, routes, ports, canaux, asiles, universités, académies, établissements de piété, de refuge, d'éducation, de science, d'industrie et de commerce, portent sa marque et le proclament bienfaiteur public » (1).

M. Mignet, malgré l'indulgence singulière qu'il montre dans son *Histoire de la Révolution* pour les hommes qui ont renversé la royauté, a fait de son côté cette constatation (2) :

« La France fut l'œuvre de la dynastie capétienne qui travailla, pendant sept siècles, à l'établissement de cette précieuse unité de territoire, d'esprit, de langue, de gouvernement. C'est du centre même du pays que partit la dynastie capétienne pour cette conquête de réunion. Paris sur la Seine, Orléans sur la Loire furent ses points de départ; l'Océan, les Pyrénées, la Méditerranée, les Alpes, le Rhin ses points d'arrivée... Mais, tout en marchant vers son but, l'unité de territoire et l'unité de pouvoir, la dynastie montra une habile modération. Elle incorpora les provinces sans les détruire, leur laissant les coutumes civiles sur lesquelles reposaient

1. Taine, *L'Ancien régime*, p. 14 et 15.

2. *Essai sur la formation territoriale et politique de la France.*

leur existence et une partie des privilèges politiques dont elles jouissaient » (1).

Quand on se reporte à l'époque du démembrement de l'empire de Charlemagne, on voit sortir du traité de Verdun trois Etats d'importance à peu près égale, formés chacun d'éléments disparates, qui sont devenus, avec le temps, la France, l'Allemagne et l'Italie. De ces trois Etats, un seul est arrivé assez rapidement à la constitution de son unité, c'est la France.

---

1. A propos de la naissance de Philippe-Auguste, le 21 avril 1165, M. Luchaire a très justement fait remarquer à quel point le sentiment de l'unité morale se traduisait dès cette époque en la personne du roi. Un étudiant parisien, Pierre Riga, a raconté la scène; il a montré la Maison du roi, sur l'emplacement du Palais de Justice actuel, entourée de palatins et de bourgeois qui attendent fiévreusement la délivrance de la reine. C'est un fils! La reine pleure de joie: la nouvelle vole de bouche en bouche; elle court d'une extrémité de la France à l'autre avec une rapidité surprenante, « car, bien que la chambre royale fût close, dit Riga, des impatients ont trouvé le moyen d'y regarder par une fente et d'apercevoir l'enfant ». Paris s'éveille dans la joie; les rues et les places s'illuminent. Les trompettes retentissent au coin des carrefours; les cloches sonnent à toute volée dans les hautes tours des églises. Un étudiant anglais, le futur historien Giraud de Barri, dormait profondément lorsqu'il fut éveillé aux bruits et aux lumières de la rue.

« Je saute de mon lit, écrit-il, je cours à la fenêtre et j'aperçois deux pauvres vieilles qui, portant chacune un cierge allumé, gesticulaient et couraient comme des folles. Je leur demande ce qu'elles ont :

» — Nous avons un roi que Dieu nous a donné, répond l'une d'elles; un superbe héritier royal, par la main de qui votre roi, à vous, recevra un jour honte et malheur!... »

M. Luchaire ajoute : « Les populations les plus éloignées de Paris avaient déjà le sentiment — si vague fût-il — de l'unité morale du pays français; elles sentaient qu'elles faisaient partie d'un corps dont le roi de France était la tête. La correspondance de Louis VII est remplie des témoignages de cette solidarité plus forte que le lien féodal. »

Au commencement du XIIIe siècle, la France, avec Philippe-Auguste, est en possession de son unité nationale, elle existe comme corps de nation un et homogène. Dès la fin du XIIIe siècle, un siècle et demi avant Jeanne d'Arc, Philippe le Bel donna de l'idée de patrie une belle définition. Les armes françaises viennent d'éprouver, le 11 juillet 1302, le terrible désastre de Courtrai. Dès le 29 août, de Paris, s'adressant au clergé de France, Philippe le Bel lui peint la situation du pays en lui demandant de contribuer par des subsides à la défense de la patrie : « Réfléchissez bien, dit le roi aux prélats de son royaume, que c'est de vos affaires à vous, à chacun d'entre vous, qu'il s'agit, que chacun d'entre vous y a intérêt; aussi, en appliquant toute votre affection, tous vos efforts à la défense de cette patrie qui vous a vus naître — de cette patrie pour laquelle la tradition vénérée des ancêtres nous a appris qu'il fallait combattre, en en préférant l'amour à l'amour même de nos enfants, — nous vous demandons de nous venir en aide par les subsides les plus forts dont vous pourrez disposer... »

M. Izoulet, professeur au Collège de France, a exposé cette conception de l'amour de la patrie : « L'amour de la patrie n'est pas un sentiment simple et superficiel, facile à improviser. Ce n'est pas un champignon qui pousse en une nuit. C'est une plante aux profondes et lentes racines. L'amour de la patrie est une complexe résultante d'obscures composantes. La patrie plonge sa triple racine dans les secrètes profondeurs des habitudes terriennes, des piétés domestiques, et des émotions religieuses. Dieu, le sol et le foyer sont le triple ingrédient de ce dictame.

» Que peut-il donc advenir du patriotisme chez un peuple où trop de gens ne songent qu'à déserter la terre, à briser le foyer, et à renier Dieu? Quand la triple racine se dessèche, comment la plante pourrait-elle ne pas languir et périr? »

Pour l'Allemagne et l'Italie, sorties, comme la France, de l'empire de Charlemagne, il a fallu qu'elles attendissent jusqu'à la fin du XIXe siècle pour réaliser l'unité (et quelle unité!), à laquelle l'une et l'autre n'ont cessé de tendre au cours de leur histoire si agitée.

D'où vient cette différence? De ce qu'en France a été mieux suivie la loi de la nature. C'est la famille capétienne, c'est la fixité de la dynastie royale, fondée sur la loi salique, qui a formé et maintenu l'unité nationale. C'est grâce à ce principe de l'hérédité, qui, nulle part ailleurs, ne s'exerça avec autant de suite et de régularité, que la royauté française put acquérir, au cours des siècles, les conditions de force et de durée nécessaires à l'accomplissement de la grande œuvre nationale (1).

1. Le fait revêt un caractère providentiel que les vrais historiens n'ont pas manqué de remarquer. C'est Dieu, en effet, dans ses desseins sur la France, qui a permis que, dans cette grande lignée capétienne, où l'on ne compte pas, pendant plus de trois siècles, un seul prince adultérin,

l'héritier direct ne manquât jamais au trône, en sorte que l'on a vu, sans interruption, depuis Hugues Capet jusqu'à Philippe le Long, le fils aîné du roi défunt succéder régulièrement à son père.

Quand il fallut, pour la première fois, faute d'un héritier direct, empêcher l'accession au trône des femmes, qui auraient pu, en se mariant, porter la couronne de France dans une famille étrangère et compromettre l'unité nationale, il n'y eut qu'à constater la tradition et transformer le fait providentiel en loi positive.

Une fois le mode de succession bien établi, le principe de l'hérédité fonctionna de lui-même, pourvoyant toujours le trône d'un titulaire et maintenant dans la dynastie la grande tradition monarchique.

Comme l'a fort bien observé M. l'abbé de Pascal, l'un des objets principaux de la mission de Jeanne d'Arc a été de consacrer, de la part du ciel, en Charles VII, ce principe sauveur de l'hérédité royale : « Gentil prince, je te dis de la part de Messire, que tu es vrai héritier de France. Je te dis que Dieu a pitié de vous, de votre royaume et de votre peuple. »

CHAPITRE II

LES ÉTATS DOIVENT CONSERVER LE TYPE FAMILIAL

Hæc societas diligenter et sancte observata, nos homines hominibus miscit et indicat aliquid esse commune jus generis humani.
SENECA. Epist. XLVIII.

La famille n'est point seulement l'élément premier de tout Etat, elle en reste l'élément constitutif, de telle sorte que la société régulière, telle qu'elle existe, si longtemps qu'elle n'a point contrarié les lois de la nature, comme l'a fait notre France par la Révolution, se compose non d'individus, mais de familles. Aujourd'hui, les individus seuls sont comptés, l'Etat ne connaît que des citoyens dispersés; cela est contraire à l'ordre naturel. Comme le dit fort bien M. de Savigny : « L'Etat, une fois formé, a pour éléments constitutifs les familles, non les individus. » Il en était ainsi autrefois, et ce qui le montre d'une manière bien sensible, c'est que dans les dénombrements de population, on comptait toujours, non par personnes, mais par *feux*, c'est-à-dire par foyers; chaque foyer était réputé le centre d'une famille, et chaque famille était dans l'Etat une unité politique et juridique aussi bien qu'économique.

M. Buisson a dit un jour à la Chambre : « Le devoir de la Révolution est d'émanciper l'individu, la personne humaine, *cellule élémentaire, organique de la société.* » C'est bien, en effet, la tâche que la Révolution s'est imposée, mais cette tâche ne va à rien moins qu'à désorganiser la société et à la dissoudre. L'individu n'est qu'un élément dans ce qui est la cellule organique de la société. Cette cellule, c'est la famille; en séparer les éléments, faire de l'individualisme, c'est en détruire la vie, c'est la rendre impuissante à remplir son rôle dans la constitution de l'être social, comme ferait dans l'être vivant la dissociation des éléments de la cellule végétale ou animale.

Cela était si bien compris à Rome, que l'Etat primitif romain ne connaissait que les *gentes*, et que, pour avoir une situation légale, il fallait être membre de l'une de ces corporations. « Le fils de famille émancipé, dit M. Flach, l'esclave affranchi, les étrangers venus à Rome pour y chercher asile, devaient se soumettre à un chef de famille. »

De même en France, dans le haut moyen âge: « Nulle place pour l'homme isolé, dit le même auteur; si une famille vient à déchoir ou à se dissoudre, les éléments qui la composent devront s'agréger à une autre. Ne pas trouver un pareil asile, c'est la mort. » Partout la famille est, aux bonnes époques de l'histoire des peuples, ce que chez nous la démocratie, pour notre malheur, a fait être l'individu : l'unité sociale.

Pas plus dans le corps social que dans le corps vivant, pour reprendre la comparaison de M. Buisson, les cellules élémentaires, — ici plastides, là familles — ne sont sur le même rang, quoique également sorties d'une cellule primitive. Il y a les cellules premières, élémentaires, qui donnent naissance aux cellules du sang et aux cellules des tissus. De même dans la société, les familles quoique parties d'un même point se trouvent en tout Etat civilisé être de condition diverse et réparties en trois classes : le peuple, la bourgeoisie et la noblesse. Pour plus de similitude, la bourgeoisie remplit, dans la société, le rôle du sang dans le corps humain : elle sort du peuple et elle alimente la noblesse. Contrairement à ce que veut la démocratie, partout où le progrès moral, intellectuel, matériel, germe et se déploie, les inégalités se font jour, s'accentuent, se fixent dans les familles et peu à peu constituent une hiérarchie, non de fonctionnaires, mais de maisons.

Nous retrouvons ici les grandes lois que Dieu a établies lors de la création de l'homme, dans la société première, afin qu'elles continuassent à régir toutes les sociétés humaines, quel que soit le développement qu'elles prennent.

« Il y a, dit M. de Bonald, des lois pour les

fourmis et les abeilles. Comment a-t-on pu penser qu'il n'y en avait pas pour la société des hommes et qu'elle était livrée aux hasards de leurs inventions? » Rousseau a pensé cela. Il s'est ingénié à formuler pour les Etats d'autres lois que celles posées par le Créateur; et les démocrates, ses disciples, en s'efforçant d'après ses leçons, d'établir les Etats sur l'égalité en opposition à la hiérarchie, sur la liberté en opposition à l'autorité, et sur l'indépendance réciproque en opposition à l'union, ne peuvent que les détruire et les détruire par la base.

Si les peuples ne sont construits que de familles vivantes, et si les lois imposées par Dieu à la famille doivent être les lois de toute société, il est nécessaire que les Etats reproduisent en eux quelque chose du type primitif. Tous les sages sont d'accord sur ce point. « Les Grecs et les Romains, dit l'abbé Fleury (1), si renommés pour la sagesse de ce monde, apprenaient la politique en gouvernant leurs familles. La famille est en petit l'image de l'Etat. C'est toujours conduire les hommes vivant en société. »

« Le mesnage, dit Jean Bodin au second chapitre du livre premier de son ouvrage, est un droict gouvernement de plusieurs subjects sous l'obéissance d'un chef de famille. La respublique est un droict gouvernement de plusieurs mesnages et de ce qui leur est commun avec puissance souveraine. Il est impossible que la

1. Opuscules I, p. 292.

respublique vaille rien si les familles qui sont les piliers d'icelle sont mal fondées ».

Léon XIII parle de même : « La famille est le berceau de la société civile, et c'est en grande partie dans l'enceinte du foyer domestique que se prépare la destinée des Etats (1) ». Et ailleurs : « La société domestique contient et fortifie les principes et, pour ainsi dire, les meilleurs éléments de la vie sociale : aussi est-ce de là que dépend en grande partie la condition tranquille et prospère des nations (2) ». C'est donc avec raison que M. de Bonald dit : « Quand les lois de la société des hommes sont oubliées de la société politique, elles se retrouvent dans la société domestique. »

Dans notre France, la société a conservé jusqu'à la Révolution le type familial.

Au XVIIIe siècle, le 17 février 1774, le Parlement de Provence pouvait encore écrire au roi: « Chaque commune parmi nous est une famille qui se gouverne elle-même, qui s'impose ses lois, qui veille à ses intérêts. L'officier municipal en est le père. »

M. de Ribbes, qui a étudié avec tant de soin les communes de l'ancien régime, conclut : « Les localités sont organisées en familles, les registres municipaux sont semblables en tous points aux livres domestiques; le foyer a ses rites, les localités ont les leurs. L'idée de famille se ma-

---

1. Encyc. *Sapientiæ christianæ.*

2. Encyc. *Quod multum.*

nifeste au plus haut degré dans le système d'administration, elle est plus saisissante encore dans les solennités et récréations publiques. »

La monarchie elle-même avait conservé ce même caractère. Le gouvernement était essentiellement familial. La femme et le fils aîné du roi étaient étroitement associés à l'exercice du pouvoir. Le trésor de l'Etat était sous la surveillance de la reine et sous son contrôle direct. Le chambrier, qui s'appellerait aujourd'hui le ministre des finances, était de ce fait son subordonné. Aussi bien, jusqu'à nos jours, dans la plupart de nos ménages est-ce la femme qui tient la clé de la caisse. La reine paraît dans les traités conclus avec les puissances étrangères.

Les six grands officiers de la couronne qui assistaient le roi dans tous les actes de sa puissance avaient eu, à l'origine, des fonctions domestiques très nettement marquées par les titres mêmes de leurs dignités. Le sénéchal, le connétable, le pannetier, le bouteillier, le chambrier, le chancelier prirent leur nom des différents services de la maison du roi, et il arriva que l'*Hôtel du roi* se transforma peu à peu en un séminaire d'hommes d'Etat (1).

1. Le sénéchal était l'écuyer tranchant. Quand on était en guerre, il suivait son maître dans les expéditions, il veillait à l'arrangement de la tente royale. En l'absence du roi, il commandait les armées. Ces fonctions devinrent héréditaires dans les maisons de Rochefort et de Giuerlande; Louis VI en diminua l'étendue, Philippe-Auguste les supprima.

Le connétable était le comte de l'écurie, *comes stabuli*. Quand Philippe-Auguste eut fait disparaître l'office de sé-

M. Viollet, dans son *Histoire des Constitutions de la France*, a ainsi défini le caractère de notre ancienne monarchie : « L'autorité du roi était à peu près celle du père de famille; aussi le pouvoir patriarcal et le pouvoir royal sont-ils à l'origine apparentés de très près. » Et revenant ailleurs sur la même idée, il dit encore : « Il est manifeste que le roi joue le rôle d'un chef de famille patriarcale. »

Comme le père de famille, le roi était dans le royaume la source de toute justice. *Summum justitiæ caput*, c'est ainsi que Fulbert de Chartres définit le roi au XIe siècle. Chaque groupe naturel, local ou professionnel avait son organisation et son autorité propre : la famille a son chef, l'atelier son maître, la commune ses magistrats, les corporations ses syndics, l'Eglise ses évêques. L'idée d'une règle commune établie par

néchal, le connétable devint le chef de l'armée, le roi lui adjoignit deux maréchaux. L'office fut supprimé par Richelieu.

Le pannetier surveillait la cuisson du pain. L'office eut pour titulaire les plus grands noms de France, entre autres des Montmorency.

Le bouteillier avait l'administration des vignobles royaux et en gérait les revenus. Il eut l'intendance du trésor royal et la présidence de la Chambre des Comptes. A partir du XIIe siècle, ces fonctions devinrent héréditaires dans la maison de la Tour. Elles furent supprimées par Charles VII.

Le chambrier dirigeait le service des appartements privés. Il devint le trésorier du royaume, et en cette qualité il était placé, comme nous l'avons dit, sous les ordres de la reine. La charge fut supprimée en 1445.

L'origine du grand chancelier est religieuse en même temps que domestique. Les rois mérovingiens conservaient parmi leurs reliques la petite chape (cappa) de saint Martin. De là le nom de chapelle donné au lieu où étaient gardées les reliques des rois. Aux reliques étaient jointes les archives. Le chef des *chapelains* fut le grand chancelier, portant constamment au cou le grand sceau royal.

un pouvoir quelconque pour l'ensemble des habitants eût alors paru une monstruosité. Chaque groupe s'administre lui-même. Mais entre ces libertés et franchises locales, ces petits états multiples et indépendants, il faut maintenir l'harmonie, la paix, assurer le respect de la bonne coutume. C'est le rôle le plus important du roi : il est le justicier pacificateur, l'apaiseur des discordes, le gardien des libertés et de la paix publique qui en est venue à s'appeler la paix du roi. A l'origine, ce rôle s'exerça à grands coups d'épée. Harnulf appelle Louis le Gros, l'infatigable batailleur : « Louis le pacifique, maintenant, le sceptre en main, à chacun son droit ». Mais bientôt le roi rendit la justice de façon différente. Le roi écoutait les plaignants comme un seigneur ses vassaux, comme un père ses enfants.

Il traitait ses sujets avec une entière familiarité. « Tous les jours, dit Joinville, en parlant de saint Louis, il donnait à manger à grande foison de pauvres, dans sa chambre, et maintes fois je vis que lui-même taillait leur pain et donnait à boire. » Ce serait erreur de croire que ces traits aient été particuliers à la magnifique bonté de saint Louis; Robert le Pieux, entre autres, agissait de même. Ce fut une tradition parmi nos anciens rois, de se montrer accueillants et bienfaisants surtout pour les petits et les humbles (1).

1. Voici ce que François Ier, au début de son règne, écrivait en tête de l'ordonnance du 25 septembre 1523 :
« Comme il a plu à Dieu nous appeler à la fleur de

Au XIIIe siècle, le roi se promenait à pied dans les rues de Paris, et chacun l'abordait et lui parlait sans autre façon. Le Florentin Francesco da Barberino marque sa surprise de voir Philippe-le-Bel, — de qui la puissance se fait sentir jusqu'au fond de l'Italie — se promener ainsi dans Paris et rendre avec simplicité leur salut aux bonnes gens qui passent. Il ne man-

notre âge, comme l'un de ses principaux maîtres du gouvernement et administration de ce beau, noble et digne royaume de France, divinement et miraculeusement institué pour la direction et protection de tous les estats d'iceluy: *Spécialement pour la conservation, sublévation et défense de l'état commun et populaire*, qui est le plus faible, par ce, le plus aisé à fouler, et naturellement a plus grand besoin que tous autres de bonne garde et défense, *et singulièrement le pauvre commun peuple de France, qui toujours a esté doux, humble et gracieux en toutes choses, et obséquieux à son prince, et seigneur naturel, lequel il a toujours recogneux, ayant servi et obéy sans changer, ne varier, vouloir admettre souffrir ne recevoir domination d'autre prince. Tellement qu'entre les rois de France et leurs subjets il y a toujours eu plus grande conglutination, lien et conjonction de vraye amour, naifve dévotion, cordiale concorde et intime affection qu'en quelconque autre monarchie ou nation chrétienne.*

» Laquelle amour, dévotion et concorde bien entretenue entre le roy et ses subjets sous la crainte et amour de Dieu (qui a toujours esté servy dévotement en France) a rendu le royaume florissant, triomphant, craint, redouté et estimé par toute la terre...

» Or, le vrai moyen par lequel les roys peuvent et doivent perpétuer et augmenter cet amour consiste en justice et en paix : en justice, la faisant rendre et administrer pure, bonne, esgale et briefve sans aucune acception de personne et sans suspicion d'avarice à nosdits subjets; en paix dehors et dedans le royaume : sur toute chose en la paix intrinsèque *faisant vivre le bonhomme soubs l'aide et protection de son roy, en bonne seure et amoureuse paix manger son pain et vivre sur le sien en repos*, sans être vexé, ne tourmenté sans propos, qui est le plus grand heur, contentement et trésor qu'un roy puisse acquérir à son peuple... »

que point d'opposer cette bonhomie à la morgue des seigneurs florentins.

Au témoignage du chroniqueur Chastellan, Charles VII « mettait jours et heures de besogner à toutes conditions d'hommes, et besognait de personne à personne, distinctement à chacun. »

Les ambassadeurs vénitiens du XVIe siècle constatent, dans leurs célèbres dépêches, que « nulle personne n'est exclue de la présence du roi et que les gens de la classe la plus vile pénètrent hardiment à leur gré dans la chambre intime. » Le roi mangeait devant ses sujets, en famille. Chacun pouvait entrer dans la salle durant les repas. « S'il est un caractère singulier dans cette monarchie, écrit Louis XIV lui-même, c'est l'accès libre et facile des sujets au prince. »

Et de fait, malgré la multiplication des moyens de transport et le prodigieux accroissement près de la demeure royale d'une ville comme Paris, nous voyons le grand roi recevoir chaque semaine tous les solliciteurs qui se présentaient, si pauvres, si mal vêtus fussent-ils.

« J'allais au Louvre, écrit Locatelle en 1665, je m'y promenais en toute liberté, et traversant les divers corps de garde, je parvins à cette porte qui est ouverte dès qu'on y touche et le plus souvent par le roi lui-même. Il suffit d'y gratter et l'on vous introduit aussitôt. Le roi veut que les sujets entrent librement. »

Les événements qui concernaient directement

le roi et la reine étaient pour la France entière des événements de famille. La maison du roi était au propre « la maison de France ».

Les *Lettres d'un voyageur anglais sur la France, la Suisse et l'Allemagne* rendent les mêmes témoignages que ci-dessus. Voici quelques lignes de la citation qu'en fait J. de Maistre dans l'un de ses opuscules :

« L'amour et l'attachement des Français pour la personne de ses rois, est une partie essentielle et frappante du caractère national... Le mot *roi* excite, dans l'esprit des Français, des idées de bienfaisance, de reconnaissance et d'amour en même temps que celles de pouvoir, de grandeur et de félicité... Les Français accourent en foule, à Versailles, les dimanches et les fêtes, regardant leur roi avec une avidité toujours nouvelle, et le voient la vingtième fois avec autant de plaisir que la première. Ils l'envisagent comme leur ami, comme leur protecteur, comme leur bienfaiteur. »

« Avant la Révolution, dit aussi le général de Marmont, on avait pour la personne du roi un sentiment difficile à définir, un sentiment de dévouement avec un caractère presque religieux. Le mot « Roi » avait alors une magie et une puissance que rien n'avait altéré. Cet amour devenait une espèce de culte. »

« Souvenez-vous d'aimer avec tendresse la sacrée personne de notre roi, disait en 1681 à ses enfants dans son Livre de Raison, un modeste habitant de Puy-Michel (Basses-Alpes), de lui être obéissant, soumis et tout pleins de respect pour ses ordres. » Des recommandations semblables se trouvent dans les autres Livres de Raison, publiés par M. Charles de Ribbes; et les devises des familles seigneuriales expriment souvent les mêmes sentiments.

Ils ne se manifestèrent jamais plus bruyamment qu'à l'avènement de Louis XVI.

« Les cris de *Vive le Roi!* qui commençaient à six heures du matin, n'étaient point interrompus jusqu'au coucher du soleil. Quand naquit le Dauphin, la joie de la France fut celle d'une famille. On s'arrêtait dans les rues, on se parlait sans se connaître, on embrassait tous les gens que l'on connaissait (1) ».

M. Aulard, historien officiel de la Révolution, forcé par les réalités qui se sont imposées à son attention, parle ainsi de l'amour des Français pour leur roi et de leur attachement à la monarchie :

« Les maux dont on se plaint, nul ne songe à les attribuer à la royauté ou même au roi. Dans tous les cahiers, les Français font paraître un ardent royalisme, un ardent dévouement à la personne de Louis XVI. Surtout dans les cahiers du premier degré ou cahier des paroisses, c'est un cri de confiance, d'amour, de gratitude. Notre bon roi! Le roi notre père! Voilà comment s'expriment les ouvriers et les paysans. La noblesse et le clergé, moins naïvement enthou-

1. Mr Campan, I, pp. 89, III, p. 215.

siastes se montrent aussi royalistes » (*Hist. politique de la Révolution française*, p. 2).

Et plus loin (page 7) : « Bien que le peuple commençât à avoir un certain sentiment de ses droits, loin de songer à restreindre cette toute-puissance royale, c'est en elle qu'il plaçait tout son espoir. Un cahier disait que, pour que le bien s'opérât, il suffisait que le roi dît : *A moi mon peuple!* »

Les mêmes sentiments persévérèrent jusqu'en pleine Révolution. M. Maurice Talmeyr, dans sa brochure *La Franc-Maçonnerie et la Révolution française*, en a fait l'observation :

« Pendant deux ans, la Révolution se fait au cri de : *Vive le Roi!* Ensuite, la plupart même des hommes et des femmes d'émeute, soldés pour outrager le souverain, sont tout à coup ressaisis, en face de lui, de l'insurmontable amour de leur race, pour le descendant de ses monarques. Toute leur exaltation, en sa présence, tourne, comme en octobre 1789, en respect et en tendresse. » M. Talmeyr apporte d'autres faits en confirmation de ce qu'il dit et appelle en témoignage Louis Blanc.

Il aurait pu invoquer également celui de Mme Roland. Témoin de ce qui se passait sous ses yeux, elle écrivait avec désespoir : « On ne saurait croire combien les fonctionnaires et les négociants sont réactionnaires. Quant au peuple, il est fatigué; il croit tout terminé et retourne à ses travaux. Toutes les feuilles démocratiques s'irritent des vivats qui accompagnent le Roi, chaque fois qu'il paraît en public. »

Elle est donc bien vraie l'observation de M. Frantz Funck-Brentano : « Rien n'est plus difficile pour un esprit moderne, que de se représenter ce qu'était dans l'ancienne France la personnalité royale et les sentiments par lesquels ses sujets lui étaient attachés. » On disait communément que le roi était le père de ses sujets; ces mots répondaient à un sentiment réel et concret du côté du souverain comme du côté de la nation. « Nommer le roi « père du peuple », dit La Bruyère, qui met toujours tant de précision dans tous ses dires, c'est moins faire son éloge que sa définition », et M. de Tocqueville : « La nation avait pour le Roi tout à la fois la tendresse qu'on a pour un père et le respect qu'on ne doit qu'à Dieu. »

« La France est passionnément monarchiste », a dit Mirabeau. Et Michelet : « Des entrailles de la France sort un cri tendre d'accent profond : — Mon roi ! »

« Ce régime (monarchique), dit Augustin Thierry, la nation ne l'avait point subi, elle-même l'avait voulu résolument et avec persévérance. Il n'était point fondé sur la force ni sur la fraude, mais accepté par la conscience de tous (1).

Aussi on ne peut point dire que la nation ait voulu s'en délivrer. La multitude des abstentions dans les élections de toute la période révo-

1. Augustin Thierry. *Essai sur la formation du Tiers-Etat*, p. 89.

lutionnaire, où dix mille électeurs seulement votaient sur cent mille inscrits, montre bien que la part de la nation véritable à la substitution du régime républicain au régime monarchique, fut insignifiante. On sait d'ailleurs que la majorité de la Convention, ne fut pas acquise au vote qui condamnait Louis XVI à la mort. L'un des votants n'avait pas vingt-cinq ans, un autre n'était pas Français, cinq autres n'étaient pas validés ou inscrits, enfin sept députés votèrent deux fois, comme députés et comme suppléants de leurs collègues. Au lieu d'une voix de majorité, le verdict avait une minorité de treize voix (1).

Dans la *Réforme sociale* du 1er novembre 1904, M. Funck-Brentano, parlant de la fonction de la royauté française, dit : « Issu du père de famille, le roi était demeuré dans l'âme populaire,

---

1. Depuis cette date fatale du 21 janvier 1793, pas un de nos échecs nationaux qui n'ait scellé quelque ruine, sinon définitive, tout au moins fort durable, puisque le dommage en a subsisté jusqu'à nous. Et pas un succès, pas une gloire, pas une conquête, pas un bonheur national qui n'ait eu les lendemains les plus douloureux. La suite de nos Rois représente la plus admirable continuité d'un accroissement historique, et l'assassinat de l'un d'eux donne le signal des mouvements inverses, qui, malgré la multitude des compensations provisoires, prennent dans leur ensemble la forme d'une régression. Pour le progrès social comme pour les mœurs, pour l'ordre politique comme pour l'étendue territoriale ou le nombre des habitants par rapport à celui des autres Etats de l'Europe, la France est tombée au-dessous de ce qu'elle était en 1793. Premier fait! Second fait : avec des ressources admirables et d'incomparables moyens, la France tend à persévérer dans la chute, en raison même des principes qui la déterminèrent, il y a cent seize ans, à son régicide.

Il est donc vrai, qu'en *coupant la tête à son Roi, la France a commis un suicide.*

vaguement et sans qu'elle s'en rendît compte, le père auprès duquel on vient chercher soutien et abri. Vers lui, à travers les siècles, s'étaient portés instinctivement les regards en cas de détresse ou de besoin. Et voici que, brusquement, cette grande autorité patronale est renversée. Et c'est parmi le peuple de France, un malaise, un effroi, vague, irréfléchi. Oh! les rumeurs sinistres! Voilà les brigands! et le père n'est plus là! La « grande peur » est la dernière page de l'histoire de la royauté en France. Il n'en est pas de plus touchante, de plus glorieuse pour elle, il n'en est pas où apparaisse mieux le caractère des relations qui, traditionnellement, instinctivement, s'étaient établies entre le roi et le pays... » (1).

---

1. Les mêmes sentiments se manifestèrent à la Restauration. Mme de Marigny, sœur de Chateaubriand, était à Paris en 1814, au moment de l'entrée des Alliés. Elle notait au jour le jour, sur de minces cahiers, les nouvelles et les bruits de la ville. Dès qu'un cahier était rempli, elle l'envoyait à ses parents en Bretagne. Ces cahiers viennent d'être publiés par M. J. Ladreit de Lacharrière. Voici le récit qu'elle fait de l'entrée du comte d'Artois :

Mardi, 12 avril. — Je me suis levée assez malade, mais décidée à faire l'impossible pour voir le Prince si chéri des Français. J'ai pris du café pour me ranimer, et, mentor des demoiselles Verpier, dont la mère était fort indisposée, je me suis mise en route avec l'espérance de pouvoir entrer à Notre-Dame; ce que j'ai tenté inutilement, même avec de l'argent, que j'ai offert à un pauvre homme qui gardait une petite porte par où entraient les chanoines. Ne sachant où donner de la tête, me sentant incapable de rester debout dans la rue pendant cinq ou six heures, je revenais avec mes compagnes, assez tristement. En passant par devant un marchand de vin, je lui demandais s'il avait une croisée sur la rue et s'il voulait la louer; il ne demandait pas mieux. Le marché a été bientôt conclu.

Le concours des personnes et des voitures qui se ren-

C'est à l'esprit familial de la monarchie que la France a dû en très grande partie sa prospérité. Et cette prospérité fut telle que la France était, sans conteste, la première nation de l'Europe. Le grand orateur anglais Fox le reconnaissait, non sans aigreur, dans la Chambre des Communes, lorsqu'il s'écriait, en 1787 :

« De Pétersbourg à Lisbonne, si on en excepte

---

daient à Notre-Dame était si prodigieux que l'on ne pouvait le fixer longtemps; j'ai été obligée plusieurs fois de me retirer de la croisée; j'étais éblouie. Parmi les dames qui ne pouvaient trouver de place, j'ai aperçu Mme de Gois, je l'ai appelée; elle est venue avec sa société occuper une fenêtre qui restait encore à louer et qu'elle a payée. On remarquait dans les voitures de fort belles toilettes, et même des femmes à pied étaient fort bien mises; presque toutes avaient des lys sur leurs chapeaux, ou devant elles en bouquets. Quelques-unes sur leurs manches bouffantes avaient trois fleurs de lys brodées en or.

Le pavillon blanc flottait sur les tours de Notre-Dame avec l'écusson de France. Enfin à midi le gros bourdon a sonné et on a su que Monsieur était à la barrière du faubourg Saint-Denis. Un détachement nombreux de la garde nationale l'y attendait; elle a jeté ses armes à ses pieds, dans un transport de respect et d'amour. Il y a paru sensible. Son Altesse en a serré quelques-uns dans ses bras, qu'il a reconnus...

Au milieu de cette foule de panaches blancs et de seigneurs de sa suite, le comte d'Artois s'est mis en marche pour Notre-Dame, mais la quantité de personnes qui se jetaient sur son passage, les églises où on lui a offert de l'encens ont tellement entravé et ralenti sa course qu'il était deux heures et demie quand il est arrivé dans la rue qui conduit à la cathédrale, où j'étais.

A son passage sous l'arc de triomphe de la porte Saint-Denis, le gros bourdon a encore sonné; mais à son approche de la métropole toutes les cloches ont été mises au vol; elles ne pouvaient étouffer les acclamations, la musique s'y mêlait. Non, jamais on ne pourra peindre cette ivresse. On pourrait dire que la joie était débordée, on pleurait, on poussait des cris pour son bonheur; on craignait de ne pas avoir la force de se soutenir pour le voir passer, et j'étais de

» la Cour de Vienne, l'influence de la France
» prédomine dans tous les Cabinets de l'Eu-
» rope. Le Cabinet de Versailles présente au
» monde le paradoxe le plus incompréhensible :
» c'est le plus stable, le plus constant et le plus
» inflexible qu'il y ait en Europe. Depuis plu-
» sieurs siècles, il poursuit le même système
» invariablement, et cependant, la nation fran-

ce nombre. Mme de Gois m'a fortement tancée sur ma sensibilité; elle m'a fait du bien, je me suis raidie contre le malaise que j'éprouvais, je me suis jetée à corps perdu à la fenêtre, si heureuse de lui donner mon dernier soupir. J'ai laissé échapper de mon cœur mon bonheur, mes vœux pour lui, mon attendrissement au souvenir de ses infortunes, ou plutôt je lançais tous ces sentiments, car j'étais hors de moi...

La sainteté du lieu n'a pu arrêter les transports des personnes qui étaient dans l'église; les voûtes étaient ébranlées des acclamations. Mais ce Prince religieux, lorsqu'on a commencé de chanter le *Te Deum*, s'est retourné et a fait des signes qui réclamaient le silence. Au *Domine salvum fac regem*, on a vu de grosses larmes couler de ses yeux.

Enfin le cortège a repris sa marche, et, pour notre satisfaction, a fait encore passer S. A. sous nos croisées, où nous étions de nouveau à mi-corps, éperdues, criant par un dernier effort : « Vive Monsieur! Fasse le ciel qu'il soit toujours heureux! » Nos chapeaux parés de lys, notre action, nos mouchoirs en l'air ont fixé un moment les regards de ce Prince, qui nous a saluées avec cette grâce et ce sourire aimable qui n'appartiennent qu'à lui.

Alors, au comble du bonheur, ne sachant plus ce que je faisais, il m'a semblé que je ne devais plus regarder personne et que tout autre objet n'était plus digne d'être remarqué. Je me suis assise pour respirer, j'étouffais, j'avais une extinction de voix, je ne répondais plus que par des signes.

Il a fallu songer à rentrer dans mon couvent. J'ai proposé à la société d'aller à Notre-Dame et de rendre grâce à Dieu de nous avoir conservé la famille de saint Louis... Je suis rentrée chez moi exténuée de chaleur et de fatigue, mais surtout si accablée de bonheur et de joie que je n'en ai pas dormi.

» çaise passait pour la plus légère de l'Europe. »

C'est qu'en effet, toute société qui garde l'esprit familial, parce qu'elle reste soumise à la loi de la nature, prospère pour ainsi dire nécessairement. « Rien dans l'histoire, dit M. Frantz Funck-Brentano, n'a jamais infirmé cette loi générale : tant qu'une nation se gouverne d'après les principes constitutifs de la famille, elle est florissante; du jour où elle s'écarte de ces traditions qui l'ont créée, la ruine est proche. Ce qui fonde les nations sert aussi à les maintenir. »

Edmond Burke, dans ses *Réflexions sur la Révolution de France*, adressait aux Français de 1789 ces sages paroles. Que n'ont-elles été écoutées! « Vous voulez corriger les abus de votre gouvernement; mais pourquoi faire du nouveau? Que ne vous rattachez-vous à vos anciennes traditions? »

CHAPITRE III

L'UNION, LOI DES FAMILLES, EST AUSSI LA LOI DES ÉTATS

Quæ domus tam stabilis. quæ tam firma est civitas quæ non dissidiis funditus possit everti.

CICERO. De amicitia.

« Multipliez-vous, a dit le Seigneur à la première famille, remplissez la terre et soumettez-la ». Les hommes en se multipliant n'ont pu soumettre à leur empire la terre, c'est-à-dire le sol et les forces de la nature, les plantes et les animaux, qu'en conservant entre eux l'union. L'homme isolé ne peut rien. L'association a fait tout ce que nous voyons : c'est elle qui a produit toutes les richesses que la civilisation possède actuellement. Tout est sorti du travail des hommes associés dans l'espace et dans le temps.

Sans union point d'association, ou si l'association tente de se former elle ne tarde pas à se dissoudre. C'est l'union qui fait qu'un ensemble se tient et forme un tout. Du moment où elle est brisée la société tombe en ruines. Nous ne voyons que trop l'anarchie où se débat notre malheureuse France. La Sagesse divine nous avait averti de ce qui nous arrive : « Tout royaume divisé contre lui-même sera détruit, et toute ville ou maison divisée contre elle-même ne pourra subsister. »

Or l'union procède de l'amour. L'amour est donc la première loi du monde moral, comme son corrélatif, l'attraction, est la première loi du monde physique. L'une et l'autre mettent l'unité dans l'infinie variété des choses. « Comme les astres gravitent dans leurs orbites parce qu'ils sont force et pesanteur, a dit M. Funck-Brentano, comme conclusion de ses études sur la civilisation et ses lois, l'homme vit en société parce qu'il est intelligence et amour. »

L'amour commence à unir l'époux à l'épouse, les parents aux enfants. Mais bientôt il élargit le cercle de son action. Par les mariages que les enfants contractent, la parenté s'étend et elle appelle à elle l'affinité, qui ne se contente plus d'unir les personnes, mais les familles elles-mêmes. « La flamme sacrée de l'amitié, dit Jean Bodin, montre sa première ardeur entre le mari et la femme, puis des pères aux enfants, et des frères entre eux, et de ceux-ci aux plus proches parents, et des plus proches parents aux alliés (1). »

Continuant à rayonner loin de son foyer, la même flamme crée ces unités supérieures que nous avons vues prendre les noms de Phratrie,

1. Liv. III, ch. VII.

Gens, Mesnie, Patrie, tous noms qui rappellent que ces entités sociales ont eu leur principe dans la famille. L'entité sociale suprême, la nation, n'est vraiment vivante et vigoureuse que si longtemps qu'elle conserve et entretient en son sein le feu sacré, comme cela fut dans l'ancienne France.

La Révolution l'a éteint en en supprimant le foyer : je veux dire la famille royale. Au lieu d'amour, au lieu d'union, il n'y a plus chez nous qu'antagonisme. A la France compacte, magnifique de cohésion entre ses provinces, d'unité dans les sentiments patriotiques de ses enfants, a succédé une désagrégation des hommes et des choses telle que nous paraissons, aux yeux des autres nations, n'être plus qu'une poussière que le vent des révoltes et des guerres peut disperser en un instant (1).

Comment arrêter cette ruine? Nous ne répondrons point à cette question par nous-mêmes. Nous emprunterons une parole étrangère, la parole d'un homme qui n'est point de race française, quoique uni à elle par la naturalisation et

1. Il en devait être ainsi dès que la France était sans roi. La *Review of Review* (août 1907, p. 120), faisait cette observation : « Tout le système de notre gouvernement de parti a pour effet de grossir et d'aviver, en quelque sorte, ce qui nous divise; de là l'impérieuse nécessité de trouver, comme correctif et contrepoids, un organe pour exprimer et renforcer ce qui nous unit. Voilà quelle fonction remplit noblement notre monarque. Il ramène aux tâches sur lesquelles tous les hommes de bien sont d'accord, mais dont détournent facilement les luttes de parti. La Grande-Bretagne et l'Irlande sont, en leur roi du moins, un royaume uni. »

par la conversion du judaïsme au catholicisme. Elle paraîtra plus exempte de préjugés.

« Comment revenir, demande-t-il au spectacle de nos divisions, comment revenir à l'unité nécessaire? » « Il n'existe pas deux voies : c'est de revenir au principe qui, au cinquième siècle, a fait la France.

» A un peuple précipité hors de sa voie, arraché à ses traditions et qui meurt, on ne peut rendre du sang, de la vie, du patriotisme, de l'élan, qu'en le ramenant, en le rattachant de nouveau à son principe.

» Au principe générateur de la nation française, lequel fut la monarchie chrétienne, un autre principe a été tout à coup substitué. L'homme sans contredit le plus capable de faire triompher ce nouveau principe, M. Thiers, alors chef du pouvoir exécutif, en proposa l'essai sous une image qui ne manquait pas de grandeur et de séduction. Il comparait la République, dont le nom seul était un épouvantail pour beaucoup, à ce redoutable *Cap des Tempêtes*, au sud de l'Afrique, si fameux par tant de naufrages, et auquel, pendant longtemps, les vaisseaux n'osaient plus approcher. Mais un navigateur se rencontra plus hardi et plus confiant que les autres. Imposant donc au terrible cap un nom de meilleur augure, celui de *Bonne-Espérance*, il osa tenter le passage : l'essai fut couronné de succès et le *Cap des Tempêtes* est resté le *Cap de Bonne-Espérance.* Et l'habile autant que spirituel vieillard concluait de la sorte : Osons, Messieurs, tenter un nouvel et loyal essai de la République; ce qui était hier le *Cap des Tempêtes* sera peut-être également demain le *Cap de Bonne-Espérance.* Voilà douze ans passés (aujourd'hui quarante ans bientôt) que l'essai proposé se poursuit. Ceux qui avaient intérêt à en surveiller, à en diriger le fonctionnement, la marche, se sont trouvés non seulement maîtres, mais maîtres absolus de la France. Rien de ce qui peut faire réussir, ni la puissance, ni la richesse, ni le glaive, ni la parole, ni l'audace, ni les acclamations, ni le dévouement, ni l'abnégation d'un grand nombre ne lui a fait défaut. Eh bien! après douze années (quarante années) d'essai complet, ininterrompu, en présence d'une France fractionnée de partout, plus semblable, dans ses divisions, à un navire dont les ais se décollent (1) et se détachent qu'à un peuple de frères; en contemplant avec stupéfaction « la religion expulsée de l'école, la croix arrachée des cimetières, les secours spirituels refusés aux soldats et aux malades, les religieux chassés et dispersés, les finances gaspillées, l'armée désorganisée, la magistrature réduite à la servilité, l'industrie insuffisamment protégée, l'agriculture appauvrie et sans appui, la propagande anarchique tolérée, les fonctionnaires chrétiens destitués ou disgraciés; en résumé : à l'intérieur, la France tyrannisée par l'esprit de fraction; à l'exté-

1. L'expression, on le sait, est de Gambetta.

rieur, la France impuissante et abaissée » (1), en présence d'un tel spectacle, la main sur la conscience, peut-on dire que le *Cap des Tempêtes* est devenu le *Cap de Bonne-Espérance?*

» Non, l'espérance est ailleurs! Elle est dans un retour national, nécessaire, à l'antique principe qui, ayant fait la France, peut seul la refaire.

» Oui, c'est là que s'est réfugiée l'espérance! Car où se trouve le principe générateur de l'unité, là se trouve le renouvellement de la patrie française!

» Rien n'est fort en effet, dans l'histoire d'un peuple, comme le principe générateur qui en a été la source; rien n'est béni de Dieu comme la fidélité à s'y maintenir. La nation juive en a présenté un mémorable exemple. Chacun sait que, dans la succession illustre de ses rois, il s'en trouva un qui, fils dégénéré de David, eut à cœur, ce semble, de mériter le titre de honte et de bourreau de son peuple, tant il se montra à la fois impie et cruel. Ce fut Manassé, le Néron du peuple hébreu. Or, il arriva que Dieu, prenant en pitié les gémissements des victimes, intervint par un de ces coups de justice qui retentissent dans l'histoire. Il livra le mauvais roi à Assurbanipal et à ses Assyriens. Ceux-ci l'ayant lié de deux chaînes l'emmenèrent captif à Babylone. N'était-ce point le cas de mettre à

1. Ce tableau était tracé le 20 octobre 1883 par M. G. de la Tour dans l'*Univers*. Que de traits pourraient y être ajoutés en 1910, et comme tous les traits primitifs pourraient être poussés au noir!

profit un événement si opportun pour modifier le gouvernement hébraïque, ou bien changer la dynastie, tout au moins pour remplacer le roi impie, devenu captif, en proclamant son fils? Rien de tout cela ne se fit. Fidèle au principe générateur de sa nationalité, le peuple hébreu ne se crut pas le droit d'en modifier l'essence : il se borna à établir un gouvernement provisoire; et lorsque, après les longs mois d'une dure captivité, passée dans les larmes et le repentir, Manassé, délivré par la même main divine qui l'avait précipité dans les fers, reparut à Jérusalem, son trône l'attendait intact, la fidélité de son peuple n'avait point changé!

» Alors Dieu qui, lui non plus, ne change pas, prit plaisir à récompenser magnifiquement une si admirable fidélité. Il le fit par deux événements particulièrement providentiels. Le premier fut l'apparition de Judith, l'une des héroïnes juives. Déjà maîtres du roi, les Assyriens s'étaient flattés de se rendre incontinent maîtres du royaume. Ce fut alors que Judith, suscitée par Dieu, leur barra le passage. Le second fait, non moins providentiel, fut l'avènement de Josias au trône de David. Petit-fils et second successeur de Manassé, Josias a été sans contredit l'un des meilleurs rois de Juda, une de ses gloires les plus pures, celui dont l'Ecriture a fait ce bel éloge : « La mémoire de Josias est comme un parfum du suave odeur. »

» Voilà ce que peut en faveur de l'unité, et pour le bonheur d'un peuple, la fidélité au principe générateur de son existence!

» Persévérance dans la prière. Embrassement de la pénitence. Retour à l'unité. Tels sont, d'après la Bible et dans le domaine de l'ordre moral, les trois conditions indiquées de Dieu pour la guérison des nations.

» En les accomplissant, la guérison de la France est moralement certaine. Et, si la guérison s'opère, on verra reparaître, avec le retour aux croyances religieuses, le respect de tous les droits, l'épanouissement de l'honneur, la pratique d'une vraie liberté, la noble ambition de la gloire, la protection des faibles, la sécurité du commerce, l'élan de la prospérité, la recherche de notre alliance, en un mot, tout ce qui a contribué à faire de la France, durant des siècles enviés à cette heure, *le plus beau royaume après celui du ciel* » (1).

Pour que la cohésion existe dans le corps social et lui donne vie et prospérité, il ne suffit point que l'amour attache le souverain aux sujets et les sujets au souverain, il doit unir les sujets entre eux par le dévouement des classes supérieures aux classes inférieures et le service des inférieurs aux supérieurs.

L'antiquité n'a point complètement méconnu ce devoir, ou du moins s'est prêtée à cette nécessité. Cicéron dit que Romulus donna aux sénateurs le nom de « pères », pour marquer l'affection paternelle qu'ils avaient pour le peuple.

---

1. *Dieu a fait la France guérissable*, par l'abbé Augustin Lémann.

On sait la place qu'occupa dans l'organisation de Rome la clientèle. Cette institution établissait des rapports déterminés et constants entre un certain nombre de personnes du peuple et une *gens* patricienne. Le chef de cette gens, dans ses rapports avec les clients, portait le nom de « patron », fait pour marquer des sentiments de paternité à leur égard. Et de son côté la qualification de client marquait en celui qui la portait une disposition habituelle à se tenir prêt au service (*cluere*, entendre, tenir l'oreille ouverte). Les obligations réciproques répondaient aux mots. Le patron avait le devoir, l'obligation d'aider son client de ses conseils et de son crédit, de le défendre devant les tribunaux, de le soutenir de son influence dans les procès et les litiges, et même à main armée, enfin de subvenir à ses besoins dans le cas de détresse. Le client, de son côté, devait au patron le respect, *obsequium*, et le dévouement personnel : lui donnant son suffrage dans les comices, s'armant et combattant pour lui, contribuant à payer sa rançon, à faire la dot de sa fille, etc. Il y avait là, en un mot, un échange réglé et continuel de services. Que l'affection y fût ou n'y fût pas toujours, au point de vue social, le résultat était le même.

La clientèle avait disparu depuis des siècles lorsque naquit la féodalité. Comme par l'effet d'un instinct naturel elle se trouva fondée sur le même principe de l'assistance mutuelle. Le suzerain devait prêter secours et protection à ses vassaux, comme le père à ses enfants, leur assurer la justice, maintenir l'ordre et la sécurité dans le fief, procurer aux nécessiteux leur subsistance. En retour, vassaux et tenanciers devaient fidélité et assistance à leur suzerain en paix et en guerre, et aussi dans des circonstances identiques à celles où le client avait des devoirs envers le patron, par exemple, en cas de mariage de la fille du suzerain.

« L'expérience quotidienne que fait l'homme de l'exiguïté de ses forces, dit Léon XIII, l'engage et le pousse à s'adjoindre une coopération étrangère. C'est dans les saintes Lettres qu'on lit cette maxime : « Il vaut mieux que deux soient ensemble que d'être seul, car alors ils tirent avantage de leur société. Si l'un tombe, l'autre le soutient. Malheur à l'homme seul ! car lorsqu'il sera tombé, il n'aura personne pour le relever ». Et cette autre : « Le frère qui est aidé par son frère est comme une ville forte ». De cette propension naturelle naissent les sociétés » (1). Avant d'écrire ces maximes dans les saints Livres, Dieu les avait gravées dans le cœur de l'homme; et c'est ce qui explique comment des institutions, reposant sur les mêmes principes, ont pu naître spontanément dans l'antiquité païenne aussi bien qu'au sein du christianisme.

Chez nous, dès l'époque mérovingienne, on

1. Encyc. *Rerum novarum*.

voit un certain nombre de petits propriétaires qu'on nomme *vassi*, SE RECOMMANDER à des hommes plus puissants et plus riches qui sont appelés *seniores*. A son *senior*, qui lui fait un présent en terres, le *vassus* promet l'assistance et la fidélité. Vers le milieu du IXe siècle, le mouvement se précipite, une foule de familles supplient la famille seigneuriale de les prendre sous sa protection : Défendez-nous, défendez la terre que nous possédons et celle que vous allez nous concéder, et nous vous rendrons tous les services d'un féal vassal.

Ce fut au XIIIe siècle que cette organisation sociale, fondée sur le dévouement et les services réciproques, gagna son apogée. Et ce fut aussi à cette époque que la nation française atteignit son plus haut degré de prospérité, qu'elle put exercer sur toutes les nations de l'Europe un ascendant qu'elle n'a plus jamais retrouvé.

La plupart des historiens ont remarqué que le régime féodal s'est établi chez presque tous les peuples de l'Europe, sans qu'aucun d'eux l'ait emprunté à un autre. Et il s'est trouvé si résistant, que M. Le Play a pu l'observer encore tout vivant dans les plaines orientales de la Russie. Voici ce qu'il en dit : « Les relations de la famille avec le seigneur tiennent à la fois du respect et de la familiarité qui règnent entre les enfants et leur père. Son autorité fournit au paysan un point d'appui pour la conservation de la propriété. Le seigneur exerce son autorité, comme le faisait le suzerain du moyen âge, pour le maintien du régime de la communauté dans la famille. Il la protège contre l'usure... Le seigneur accorde des secours à la famille dans toutes les circonstances où ses moyens d'existence se trouvent compromis, par exemple, en cas d'incendie, de disette, d'épizootie et de maladies épidémiques. Et le seigneur peut compter sur le travail des paysans pour le succès de sa propre exploitation ».

Ce patronat que l'on voit ainsi s'établir sous des formes fort peu diverses, en des temps si distants et en tant de lieux, est évidemment sorti de la famille, il est une extension de son esprit. La prospérité des familles, avons-nous dit, a son principe dans l'union, union provenant de la communauté des affections et des efforts. C'est la vue des heureux effets que produit cette union, qui a porté à l'étendre en dehors des limites de la famille et qui a fait naître la clientèle chez les Romains et la féodalité chez nous. De la famille embryonnaire, si je puis ainsi dire, l'esprit familial s'est étendu avec le développement qu'a pris la famille patriarcale, et de là il a gagné et animé la phratrie, la gens, le fief, et enfin les nations, qui ne peuvent, elles aussi, vivre et prospérer que dans l'union et par la communauté des efforts.

Le moyen âge en était pleinement convaincu. L'esprit de patronat le pénétrait si parfaitement, qu'en même temps qu'il faisait la féodalité dans les campagnes, il créait dans les villes des mesnies urbaines, puis établissait entre les villes voisines les *lignages* des villes françaises, les *paraiges* des villes lorraines, les *geslachten* des villes flamandes, etc., tous noms qui seuls suffisent à montrer le principe d'où ces groupes sont sortis, l'esprit qui leur a donné naissance, puisque tous ces mots sont pris dans le vocabulaire de la famille. Chacun de ces groupes avait une organisation commune, d'un caractère à la fois familial et militaire, comme le groupe féodal.

Il est nécessaire de connaître ces faits, si l'on veut se rendre un compte exact du mal qui ronge la société actuelle et du remède à y apporter.

CHAPITRE IV

D'OU VIENT LA PROSPÉRITÉ DES PEUPLES ET D'OU LEUR DÉCADENCE

Amicitia et prosperas res dulciores facit, et adversas communione temperat, et leviores reddit.

S. Isodorus, Lib. III. De summo bono.

Aucune société ne peut subsister sans l'assistance mutuelle; secours des grands aux petits, services des petits aux grands : et c'est chose incontestable que, pour que cette assistance mutuelle soit efficace, pour qu'elle puisse faire régner la paix et la prospérité dans la société, elle ne doit pas être occasionnelle, mais constante, et que pour être constante, elle doit être organisée socialement.

On ne l'a point toujours compris, pas plus au sein de la chrétienté que dans l'antiquité païenne; et toujours la paix sociale et les biens qui en découlent ont suivi les fluctuations qu'a subies la fidélité aux devoirs réciproques. Il faut ajouter que toujours l'infidélité s'est d'abord manifestée dans les régions supérieures. Les hautes classes se sont peu à peu renfermées dans la jouissance des biens que leur situation leur procurait, et suivant la même pente, les classes inférieures se sont détachées d'elles pour finir par se révolter contre ceux qui avaient été durant des siècles leur soutien.

Un coup d'œil jeté sur l'histoire ancienne puis sur l'histoire moderne nous fera assister à la reproduction, chez nous, des phases de décadence que la société païenne a subies, et cela, par l'effet des mêmes causes. Nous mettrons à profit, comme nous l'avons déjà fait, une triple étude de M. Frantz Funck-Brentano (1), qui lui-même a mis à contribution entre autres ouvrages, *La cité antique*, de M. Fustel de Coulanges, et *Les origines de l'ancienne France*, de M. Jacques Flach.

« Les changements qui paraissent dans la constitution des sociétés, dit M. Fustel de Coulanges, ne peuvent être l'effet du hasard ni de la force seule : la force qui les produit doit être puissante, et, pour être puissante, cette cause doit résider dans l'homme. » C'est du cœur de l'homme, en effet, que sortent les vertus qui élèvent et les vices qui abaissent, et qui, à force d'abaisser, font disparaître les Etats aussi bien que les familles. Chez tous les peuples, l'époque où les qualités morales, d'où émanent les obligations réciproques, ont été assez répan-

1. *La famille fait l'Etat. Grandeur et décadence des aristocraties. Grandeur et décadence des classes moyennes.* De la collection « Science et Religion », éditée par M. Bloud et Cie.

dues et sont entrées assez profondément dans les caractères pour pénétrer aussi dans les mœurs et les coutumes, constitue le temps où ce peuple a le plus brillé dans sa force et sa splendeur. Avec l'oubli de ces obligations est venue la décadence. Toujours et partout, le principe de cette décadence s'est trouvé d'abord dans l'aristocratie. Lorsqu'elle a négligé ses devoirs envers ses clients; lorsqu'elle a cessé de leur porter affection dans son cœur, et par suite cessé de leur prêter assistance et protection, les sentiments qui faisaient l'autorité des patrons se sont affaiblis et ont fini par s'éteindre dans le cœur de leurs inférieurs. Alors une aristocratie moins noble a succédé à une aristocratie plus noble, car les peuples ne sont jamais sans aristocratie. En France, comme en Grèce, comme dans l'Italie antique, on a vu l'aristocratie féodale, par suite de l'oubli de ses devoirs, faire place à une aristocratie foncière, et celle-ci à une aristocratie d'argent. Les mêmes époques historiques se sont succédé dans le même ordre dans l'antiquité et dans les temps modernes : à mesure que les traditions cédèrent à l'action du temps et des passions humaines, le régime patriarcal fit place au régime agraire, et celui-ci au régime administratif, bientôt dominé par la finance.

En Grèce, dès que les Eupatrides en vinrent à oublier leurs devoirs envers leurs clients, les antiques croyances, qui faisaient leur autorité dans l'âme des inférieurs, s'éteignirent progressivement. Il ne resta comme source d'influence, que la propriété foncière qui put appartenir aux roturiers aussi bien qu'aux nobles. La législation de Solon vint alors dire que les droits, les honneurs, les fonctions et les obligations des citoyens seraient mesurés d'après l'importance de leurs propriétés foncières. De sorte qu'à l'aristocratie de race succéda une aristocratie de propriétaires.

Bientôt se produisit une autre révolution. Dès le temps de Solon, le commerce athénien prit son essor et bientôt s'étendit au loin. Le propriétaire du sol vit son importance s'amoindrir devant celle du négociant à qui les navires apportaient les richesses lointaines.

A Rome, les transformations furent les mêmes. La classe des chevaliers, hommes d'affaires, remplaça l'ancienne aristocratie qui disparut.

Nous verrons les mêmes changements se produire en France.

Mais auparavant, nous avons à rechercher quelles en furent les conséquences chez les peuples anciens.

Si longtemps que les familles patriciennes vécurent sur leurs terres, entourées de leurs clients, la misère fut chose inconnue : l'homme, en cas de nécessité, était secouru par son chef; celui à qui il donnait son travail et son dévouement devait subvenir à ses besoins. Il en fut autrement lorsque l'aristocratie d'argent eut pris la place de l'aristocratie foncière. Il n'y eut plus de lien permanent entre les petits et les grands. Le pauvre fut et resta isolé : plus personne n'était chargé de lui, plus personne ne le connaissait, plus personne ne voulait le secourir. C'est alors que Cicéron prononça cette sentence : « Nul n'est compatissant, à moins qu'il ne soit un sot ou un étourdi » (1). Et Plaute en donne la raison : « En donnant votre pain à ceux qui en manquent, vous perdez votre bien, et vous aidez ces malheureux à prolonger une existence qui n'est pour eux qu'un fardeau ».

Mais les pauvres ne se laissèrent point faire. Ils organisèrent une guerre régulière contre les riches. Ils usèrent de leur droit de suffrage pour les accabler d'impôts, pour décréter l'abolition des dettes ou opérer des confiscations générales.

Plutarque raconte qu'à Mégare, après une insurrection, on décréta que les dettes seraient abolies, et que les créanciers, outre la perte du capital, seraient tenus de rembourser les intérêts déjà payés.

En 412, le peuple de Samos massacra deux cents riches, en exila quatre cents autres et se partagea leurs terres et leurs maisons A Corcyre, le parti des riches fut presque entièrement exterminé. Ceux qui s'étaient réfugiés dans les temples furent emmurés et on les laissa mourir de faim. « Partout on vit, comme dit Thucydi-

1. *Pro Murena.*

de, toutes les cruautés, toutes les barbaries, naturelles à des gens qui, poussées par un sentiment aveugle d'égalité, s'acharnent impitoyablement sur des rivaux. » « Dans chaque cité, écrit Fustel de Coulanges, le riche et le pauvre étaient deux ennemis. Entre eux, nulle relation, nul service, nul travail qui les unit. Le pauvre ne pouvait acquérir la richesse qu'en dépouillant le riche; le riche ne pouvait défendre son bien que par une extrême habileté ou par la force. Ils se regardaient d'un œil haineux; c'était dans chaque ville une double conspiration, les pauvres conspiraient par cupidité, les riches par peur. Il n'est pas possible de dire lequel des deux partis commit le plus de cruautés et de crimes. Les haines effaçaient dans les cœurs tout sentiment d'humanité. Il y eut à Milet une guerre entre les riches et les pauvres; ceux-ci eurent d'abord le dessus et forcèrent les riches à s'enfuir de la ville; mais ensuite, regrettant de n'avoir pu les égorger, ils prirent leurs enfants, les rassemblèrent dans des granges et les firent broyer sous les pieds des bœufs. Les riches rentrèrent ensuite dans la ville et redevinrent les maîtres. Ils prirent les enfants des pauvres, les enduisirent de poix et les brûlèrent tout vifs. »

Que devint la Grèce, si grande autrefois, dans cette effroyable lutte? L'historien Polybe nous le dit : « Dans les champs, la culture des terres, dans les villes, les tribunaux, les sacrifices, les cérémonies religieuses sont abandonnés. Les

Grecs vivent dans la guerre civile depuis dix générations. Celle-ci est devenue l'état habituel, régulier, normal de la race, on y est né, on y vit, on y mourra. On y voit des cités demeurer désertes, et, pour comble de douleur, les Grecs ne peuvent attribuer qu'à leur propre folie les calamités dont ils sont frappés ».

L'histoire de la démocratie romaine donne le même enseignement que l'histoire de la démocratie grecque. Et si la lutte ne fut pas accompagnée de crises aussi sanglantes, il faut l'attribuer à une double cause. En premier lieu, aux conquêtes faites par les Romains, de territoires immenses, dont ils donnaient les terres à la plèbe; en second lieu, aux armées qui, échelonnées sur les frontières et en lutte continuelle contre les barbares, dévoraient beaucoup de plébéiens.

En France, comme en Grèce, comme en Italie, la civilisation a commencé et elle a été portée à son plus haut point par une aristocratie féodale, à laquelle a succédé, depuis les jours de la Renaissance jusqu'aux jours de la Révolution, une aristocratie territoriale. Actuellement, nous avons cette aristocratie d'argent qui a marqué la fin de la civilisation hellénique et la fin de la civilisation romaine.

Les origines de notre civilisation remontent au VIe siècle. L'effort civilisateur y est proportionné à la résistance de la barbarie. Elle enfante ses types les plus monstrueux et à côté d'eux se voient des figures rayonnantes de la plus pure vie chrétienne. Ce siècle et le suivant, qui apparaissent comme les plus barbares de tous, sont l'époque où les saints fleurissent en plus grand nombre et exercent l'action la plus décisive sur l'orientation de notre société. Aussi M. Godefroy Kurth a-t-il pu dire, dans ses *Origines de la civilisation moderne :* « En moins d'un siècle, toute la scène du monde est renouvelée. Ce sont de nouveaux acteurs qui la remplissent, c'est un autre drame qu'ils jouent. »

Dieu avait jeté sur notre sol, occupé depuis quatre mille ans par des barbares, des populations jeunes et ouvertes aux nobles inspirations de l'Église qui les attendait pour faire leur éducation. « Il suffit d'ouvrir les yeux, dit encore M. Kurth, pour voir avec quelle force les peuples barbares étaient entraînés par les meilleures tendances de leur nature dans le sein de l'Église catholique », alors que l'arianisme les sollicitait.

Et ces sauvageons, pleins de passions païennes, mais aussi pleins de sève et de vigueur, l'Église les entait sur la vigne plantée par le divin Sauveur. Elle faisait passer dans leurs veines la charité évangélique : c'est-à-dire, l'amour de Dieu et l'amour du prochain. L'essentiel était de les déterminer à dire une fois avec conviction et résolution : Je suis chrétien; et beaucoup l'étaient, dès ce moment-là, jusqu'à l'héroïsme.

Lorsque les Francs conquirent la Gaule, les villes appauvries n'étaient plus que des agglomérations d'artisans. La puissance et la riches-se avaient passé aux campagnes. Là, au milieu d'immenses domaines, régnant sur des peuples de pauvres et d'esclaves, de grandes familles ne vivaient que pour le plaisir. Les Francs se partagèrent ces terres avec la même avidité qui présidait autrefois au partage des chevaux, des armes et des trésors. Chacun établit sa demeure dans le lot qui était devenu le sien et s'identifia avec cette terre devenue son héritage (Alod) et celui de ses enfants.

Telles furent les origines des premiers seigneurs. Quelques-uns restèrent païens; d'autres, après avoir reçu le baptême, continuèrent à mettre dans leurs relations sociales une odieuse cruauté. Mais il y eut aussi des familles où la grâce du Christ, rencontrant un sang généreux, produisit les vertus qui firent d'elles notre aristocratie, première dans l'ordre du temps et aussi dans la valeur morale et dans la valeur guerrière. Sous les auspices de l'Eglise, elles apprirent à connaître et à pratiquer les devoirs envers le prochain, et la charité commença à établir chez nous son empire. Toutes les feuilles d'actes d'émancipation, que nous ont léguées les premiers siècles du moyen âge, attestent la pensée religieuse qui les a dictées : « Il ne faut pas retenir dans les chaînes ceux que le Christ a rendus libres par le baptême, parce qu'il n'y a pas de différence de condition à ses yeux, mais qu'on est tous unis et égaux devant lui. »

Les institutions sociales qui s'élevèrent alors

naquirent de cet esprit. « Ce n'est ni des institutions vieillies d'une nation en décadence (les Romains), dit l'éditeur de l'œuvre économique de Montchrétien; encore moins des habitudes grossières de bandes à peines disciplinées (les Germains), qu'est sortie la civilisation moderne, mais de la force, de l'intensité des affections répandues dans la population entière (par les moines, les évêques et les saints), affections se transformant en obligations mutuelles et coutumières et, de là, en droits réciproques ».

Nous voyons ici reparaître, mais épurées et sanctifiées, les relations sociales que nous avons admirées dans la clientèle romaine et la clientèle hellénique. Elles envelopperont toute la société comme dans un immense réseau, non seulement de grands feudataires à petits seigneurs et de seigneurs à vassaux, mais aussi de patrons à ouvriers. On sait la belle législation qu'Etienne Boileau donna aux corporations ouvrières au XIIIe siècle.

Ce treizième siècle fut l'apogée de l'aristocratie féodale et de la grandeur de la France. Elle avait alors fondé le territoire et créé le génie français, fait avant tout de générosité.

Une autre aristocratie lui succéda. On ne la vit point se substituer à elle tout d'un coup, mais entrer peu à peu dans ses rangs. Les arrière-petits-fils des premiers seigneurs n'avaient plus les vertus prime-sautières de leurs ancêtres; ils se « civilisaient » plus ou moins, dans le sens mauvais du mot; et à mesure, ils voyaient monter insensiblement dans leurs rangs des familles qui leur étaient étrangères : de sorte que l'on peut placer entre le quatorzième et le quinzième siècle l'avènement de l'aristocratie appelée territoriale pour la distinguer de l'aristocratie féodale. Cette seconde tige, sortie du tronc généreux de la race franque, n'eut point la valeur de la première. La première sève est toujours la plus forte. Aussi, tandis que celle-ci conserva sa vigueur pendant huit cents ans, l'autre ne put fournir qu'une carrière de moitié moindre. Elle eut d'ailleurs le malheur d'arriver en même temps que la Renaissance, d'être plus tard saisie par l'absolutisme royal et enfin de se sentir inoculer le venin philosophique.

Néanmoins la France pouvait encore se glorifier d'elle et elle fit beaucoup pour la grandeur du pays en tous sens.

Elle se recrutait d'une manière continue parmi les familles qui s'élevaient par de longues traditions de travail et de vertus jusqu'à atteindre la générosité d'âme qui fait la noblesse. Lorsqu'il n'y avait d'autre source de richesse que la culture, toute famille riche n'était riche que parce qu'elle s'était peu à peu ennoblie dans ses sentiments par la longue pratique des vertus familiales, et dès lors elle pouvait être anoblie. C'était une famille ancienne, respectable, une bonne famille, selon l'expression reçue. Il lui avait fallu pour cela éduquer et éduquer de mieux en mieux une longue suite de générations; et il avait fallu que, dans cette suite, la défaillance ne se fût produite à aucun des anneaux de la chaîne, car alors tout était à recommencer. Comme le dit M. Blanc de Saint-Bonnet : « Les siècles venaient se poser comme autant de fleurons sur sa couronne, et c'est la main du temps qui s'avançait pour la sacrer. »

Cette seconde aristocratie vécut comme la première, militairement, patriarcalement et agricolement, soumettant à la culture le terrain acquis par ses pères, le défendant, et répandant autour d'elle la justice, la bravoure et le désintéressement. Par là elle maintint le triple capital de la nation : capital matériel, capital intellectuel et capital moral. Voici en quels termes Taine en parle : « Le seigneur est propriétaire résidant et bienfaisant, promoteur volontaire de toutes les entreprises utiles, tuteur obligé des pauvres, administrateur et juge gratuit du canton, député sans traitement auprès du roi, c'est-à-dire, conducteur et promoteur, comme autrefois, par un patronage nouveau approprié aux circonstances ».

Malheureusement ces mœurs salutaires, liens d'union et d'affection qui rattachaient tous les citoyens du haut en bas de l'échelle sociale, se relâchèrent insensiblement. La politique de Louis XIV s'attacha à séparer les gentilshommes du peuple, en les attirant à la cour et dans les emplois. Croyant s'affermir, la royauté détruisit de ses propres mains le fondement où elle était établic (1). Henri IV avait été mieux inspiré. « Il » déclara à sa noblesse, dit Perefixe, qu'il vou» lait qu'ils s'accoutumassent à vivre chascun » de son bien, et pour cet effet qu'il seroit bien » aise, puisqu'on jouissoit de la paix, qu'ils al» lassent voir leurs maisons et donner ordre à » faire valoir leurs terres. Ainsi, il les soula» goit de grandes et ruineuses dépenses à la cour, » en les renvoyant dans les provinces, et leur » apprenoit que le meilleur fonds que l'on puis» se faire est celui d'un bon ménage. Avec cela,

1. Bourdaloue rappelait ainsi leurs devoirs aux seigneurs du grand siècle.

« Aristote, le Prince des Philosophes, n'avait aucun principe de christianisme, il comprenait néanmoins ce devoir, quand il disait que les rois, dans ce haut degré d'élévation qui nous les fait regarder comme les divinités de la terre, ne sont après tout que des hommes faits pour les autres hommes, et que ce n'est pas pour eux-mêmes qu'ils sont rois, mais pour les peuples.

» Or, si cela est vrai de la royauté, nul de vous ne m'accusera de porter, à son égard, trop loin la chose, si j'avance qu'on ne peut rien être dans le monde, ni s'élever, quoique par des voies droites et légitimes, aux honneurs du monde, que dans la vue de s'employer, de s'intéresser, de se consacrer et même de se dévouer au bien de ceux que la Providence fait dépendre de nous; qu'un homme, par exemple, revêtu d'une dignité, n'est qu'un sujet destiné de Dieu et choisi pour le service d'un certain nombre de personnes à qui il doit ses soins; qu'un particulier qui prend une charge, dès là, n'est plus à soi, mais au public; qu'un supérieur, qu'un maître, n'a l'autorité en main, que parce qu'il doit être utile à toute une nation et que, sans autorité, il ne le peut être. *Præs*, disait saint Bernard, écrivant à un grand du monde, et lui mettant devant les yeux l'idée qu'il devait avoir de sa condition, *præs non ut de subditis crescas, sed ut ipsi de te.* Vous êtes en place de commander, et il est juste qu'on vous obéisse. Mais souvenez-vous que cette obéissance ne vous est due qu'à titre onéreux et que vous êtes prévaricateur si vous ne la faites servir tout entière au profit de ceux qui vous la doivent. »

» sachant que la noblesse française se piquoit » d'imiter le Roy en toutes choses, il leur mon- » troit par son propre exemple à retrancher la » superfluité des habits; car il alloit ordinaire- » ment vêtu de drap gris, avec un pourpoint de » satin ou de taffetas sans découpures, passe- » mens ni broderie. Il louait ceux qui se vêtoient » de la sorte et se rioit des autres, *qui portoient*, » disait-il, *leurs moulins et leurs bois de haute* » *futaie sur leur dos.* »

Sous Louis XIV, la noblesse reçut d'autres leçons et malheureusement se laissa entraîner par d'autres exemples; et l'on sait quelles en furent les suites.

« L'absentéisme matériel, dit M. de Tocqueville, ramena peu à peu chez les seigneurs un absentéisme de cœur. Quand le gentilhomme reparaissait au milieu des siens, il y montrait les vues et les sentiments qu'avait en son absence son intendant. Il ne voyait plus dans ses tenanciers que des débiteurs dont il exigeait à la rigueur ce qui lui revenait d'après la loi ou la coutume. De là, des sentiments de rancune et de haine. Par ailleurs, par l'effet de ce même absentéisme, toute direction générale faisait défaut, les terres tombaient en un déplorable abandon. La noblesse ne forma bientôt plus qu'une caste, fière de ses titres, jalouse de ses privilèges, et qui ne se justifiaient plus, ni les uns ni les autres, par la direction donnée à la vie de la nation. »

Quand éclata la Révolution, depuis un siècle

déjà, chaque classe avait cheminé à part, entretenant et grossissant ses préjugés et ses haines contre la classe devenue rivale, d'alliée qu'elle était.

C'est ce qui explique, en partie du moins, ce qui se passa dans les campagnes. On peut observer que partout où les propriétaires fonciers avaient conservé le contact avec leurs tenanciers l'antagonisme des classes ne s'est pas manifesté. Témoin ce qui s'est fait en Vendée, en Anjou, en Poitou, en Bretagne et en Normandie. Partout au contraire où les seigneurs ont administré leurs biens par l'intermédiaire d'intendants et où, par suite, ils étaient inconnus de leurs fermiers, partout, en un mot, où a été perdu le contact entre les riches et les pauvres, l'antagonisme social s'est révélé avec une grande violence. Taine a établi ce fait dans plusieurs passages de ses écrits.

L'aristocratie foncière, ainsi tombée, fit place, comme à Athènes et à Rome, à l'aristocratie d'argent, dont la Révolution nous dota.

D'après M. le vicomte d'Avenel (1), les richissimes d'aujourd'hui, en France, sont douze fois plus nombreux que les plus riches personnages de l'ancien régime; ils sont dix fois plus riches ou vingt fois plus nombreux que les plus opulents princes des temps féodaux.

Il existe aujourd'hui en France 1.000 personnes ayant 200.000 francs de rentes mobilières

---

1. *Revue des Deux-Mondes.*

ou foncières. Parmi ces 1.000, il en est 350 qui ont 500.000 francs de revenu. De ces 350 on peut citer 120 disposant annuellement de plus d'un million de francs de recettes; 50 d'entre eux ont un budget normal de 3 millions de francs; et sur ces 50, il en est une dizaine qui tirent de leurs capitaux une somme supérieure à 5 millions par an. On ne connaît personne au moyen âge qui puisse être comparé aux 50 particuliers formant les deux plus hautes catégories.

Pour un peuple, il y a pire que la destruction de ses armées et de ses flottes, la banqueroute de ses finances et l'invasion de son territoire; il y a l'abandon de ses traditions et la perte de son idéal. L'histoire de tous les peuples est là qui nous l'atteste.

CHAPITRE V

QUEL SORT L'ARISTOCRATIE D'ARGENT SE RÉSERVE-T-ELLE ET RÉSERVE-T-ELLE A LA FRANCE ?

Inflammatur lucro avaritia, et non extinguitur. Quasi gradus quosdam cupiditatis habet, et quo plures ascenderit, eo ad altiora festinat : unde fit gravis ruina lapsuro.

S. AMBROSIUS, De Naboth.

De nos jours la suzeraineté appartient à l'or. Ce métal met aux pieds de son possesseur toutes les forces, non seulement de la France, mais du monde. Il avait sans doute un grand pouvoir dans les siècles qui précédèrent la Révolution, mais il trouvait une rivalité dans l'aristocratie qui maintes fois en eut raison. Aujourd'hui l'or est presque passé à l'état de divinité, partout il commande, partout on l'adore.

Cette nouvelle puissance ne prend de celles qui l'ont précédée que les abus auxquels elles s'étaient laissées aller.

« Les hommes de la Révolution, dit M. de Voguë (1), ne doutaient point qu'ils eussent aboli

1. *Un siècle, mouvement du monde de 1800 à 1900.*

tous les privilèges et assuré le règne de l'égalité.

» Dans l'empressement de leur optimisme, ils ne faisaient pas réflexion sur une loi de l'histoire: chaque fois qu'une société se débarrasse des anciennes distinctions, des anciens pouvoirs spirituel et temporel, un maître y demeure, inexpugnable celui-là, le plus dur et le plus subtil des maîtres, *l'argent.*

» Il s'insinue dans les hautes places vacantes, il ramasse toute l'autorité arrachée à ses rivaux, il rétablit à son profit, sous d'autres formes, distinctions et privilèges. Tous lui obéissent, car il dispense seul tout ce qui fait le prix de la vie. »

L'aristocratie française dut sa grandeur à ce qui avait fait la grandeur des aristocraties anciennes : le dévouement des classes dirigeantes aux classes dirigées, l'attachement des classes dirigées aux classes dirigeantes, l'union des efforts pour le plus grand bien de tous. Chez nous comme dans les anciennes civilisations, la décadence fut la suite naturelle de la séparation qui se fit entre la noblesse et le peuple, vivant chacun de leur côté, ne s'aimant plus, ne s'entr'aidant plus, ne se connaissant plus. La noblesse avait déserté les campagnes pour aller se perdre à la cour des rois, y dépenser en plaisirs et en luxe l'argent que le travail des cultivateurs lui procurait. « Peut-on demeurer attaché et affectionné, demande M. de Tocqueville, à des gens qui ne vous sont rien par les liens de la nature et que l'on ne voit plus jamais? C'est surtout dans les temps de disette qu'on s'aperçoit que les liens de patronage et de dépendance, qui reliaient autrefois le propriétaire rural aux paysans, sont relâchés ou rompus. Dans ces moments de crise, le gouvernement central s'effraie de son isolement et de sa faiblesse; il voudrait faire renaître pour l'occasion les influences individuelles qu'il a détruites; il les appelle à son aide : personne ne vient, et il s'étonne en trouvant morts les gens auxquels il a lui-même ôté la vie ». Quelques années avant la Révolution, la noblesse voulut se rapprocher du peuple; il était trop tard. Depuis un siècle, chaque classe avait cheminé à part, de son côté, grossissant, d'âge en âge, ses haines et ses préjugés contre la classe rivale qu'elle ne connaissait plus, qu'elle ne comprenait plus. On sait ce qu'il en advint. La société s'écroula dans les ruines et dans le sang.

Le comte de Chambord voulut persuader à ce qui reste d'aristocratie, de reprendre, autant que les circonstances le permettaient, son rôle providentiel. « Je ne cesserai, disait-il, de recommander à tous ceux qui sont restés fidèles à notre cause, d'habiter le plus possible leurs terres, et de donner l'exemple de toutes les améliorations possibles. C'est le vrai et seul moyen de détruire les préventions injustes, et de rendre à la propriété foncière la part d'influence qui lui appartient, et qu'il serait si utile qu'elle obtînt dans l'administration et la conduite des affaires du pays. » Il félicitait ceux qui avaient « conservé, avec la foi de leurs pères, le culte du foyer et l'amour du sol natal. » « Les séductions révolutionnaires, disait-il, exercent surtout leurs ravages chez les populations délaissées par leurs protecteurs naturels. De rapides apparitions ne remplaceront jamais l'affection dans les rapports, le désintéressement dans les services, la suite dans les conseils ». Il ne fut point écouté autant qu'il aurait dû l'être.

La bourgeoisie avait pris dans la société la place de la noblesse. Sut-elle, sait-elle les devoirs que cette situation lui impose?

Les traditions de patronage d'une part, de discipline de l'autre, créées par les anciennes corporations, se maintinrent quelque temps encore après la Révolution dans la petite industrie. Le Play parle avec complaisance des ateliers qu'il voyait encore vers 1830, sur le modèle de ceux d'autrefois. « Avant 1830, écrit-il, les ateliers parisiens portaient déjà la trace des idées subversives et des sentiments de haine que les révolutions antérieures avaient fait naître. J'ai cependant pu observer alors des institutions et des mœurs qui ne le cédaient en rien à ce que j'ai trouvé de plus parfait, pendant trente années, dans le reste de l'Europe : le patron et sa femme connaissant, dans tous ses détails, la vie domestique de leurs ouvriers, et ceux-ci se préoccupant sans cesse de la prospérité commune. La solidarité et l'harmonie apparaissaient dans tous les rapports du patron et de l'ouvrier. En 1867, à une époque où je disposais de nombreux moyens d'information — il était directeur de l'Exposition universelle — j'ai vainement cherché, dans les anciens ateliers agrandis et enrichis, quelques vestiges de ces touchantes relations. J'ai surtout constaté l'absence de l'affection et du respect ».

La raison en est indiquée en ces termes par M. Th. Funck-Brentano, dans *La politique :* « Ceux qui, issus des classes moyennes, arrivent rapidement à la richesse et aux honneurs, s'ils ont trouvé en eux les ressources pour y parvenir, n'ont pas toujours acquis, pour cela, ce que la tradition seule et l'éducation développent : les qualités nécessaires à l'exercice de leurs nouvelles fonctions sociales. Elevés dans les privations, ils ont des besoins insatiables comme leur ambition et leur égoïsme : gagner encore, parvenir plus loin! Ceux qui dépendent d'eux, ouvriers ou employés, restent les marchepieds de leur fortune ou les victimes de leurs ambitions. Enfin, comme ils n'ont pas reçu par éducation, nous dirions presque par apprentissage, les qualités morales propres à leur situation élevée, on les voit de moins en moins délicats dans le choix des moyens; leur moralité s'altère ainsi que leur caractère et ils ne valent plus que par leur instinct des affaires ou par leur esprit d'intrigue. Dans la génération suivante le mal s'accuse. Les enfants ne peuvent recevoir de leurs parents une éducation qu'eux-mêmes n'ont pas eue; mais par un effet de la richesse ou de la position que leurs parents ont acquise, les enfants ne cherchent que la satisfaction de leurs goûts, de leurs plaisirs. Les caractères se dégradent, et souvent la troisième ou quatrième génération finit à l'hôpital ou dans une maison de santé, tandis que de nouvelles familles, parvenues de même, remplacent les premières. »

Sur tous les points de la France, il serait facile de mettre des noms sous chacun des traits de ce tableau.

Il n'en pouvait guère être autrement.

La richesse, qui prend sa source dans la terre, y trouve des bornes à son ambition : celle qui provient de l'industrie, du commerce, de la banque, n'en connaît pas; devenue millionnaire, elle aspire à être milliardaire, et l'on sait qu'elle arrive à l'être plusieurs et plusieurs fois. C'est là tout son but, et, pour l'atteindre, elle exploite l'homme comme elle exploite la matière, au lieu de l'aimer et de le servir. L'homme s'efface aux yeux du capitalisme, il n'est plus qu'un moyen aux mains de ceux dont toutes les facultés sont tournées vers le but qu'ils poursuivent : la fortune.

La Révolution avait proclamé l'égalité de tous. Mais, observe M. le Play, en rendant théoriquement l'ouvrier l'égal du maître, le maître était dispensé envers lui de l'obligation morale d'assistance et de protection.

Elle avait proclamé la liberté du travail. La bourgeoisie, riche d'expérience, de ressources et de capitaux, pouvait travailler ou ne pas travailler à sa guise; mais l'ouvrier restait rivé à la nécessité implacable du labeur quotidien. Avec les privilèges de la noblesse, la Révolution avait jeté au rebut les privilèges des ouvriers, c'est-à-dire les règlements et les coutumes, qui dans la corporation les protégeaient. La bourgeoisie ne voyant plus d'entraves à la cupidité si naturelle à l'homme, traita l'ouvrier comme un outil, dont on tire tout ce que l'on peut, sans plus d'égards à sa santé qu'à sa moralité.

Elle le fit sans être arrêtée par les conditions économiques, qui autrefois s'y seraient opposées (1).

A l'absence de frein se joint l'absence de scrupules. La continuité du travail et de l'épar-

1. Nulle part le mensonge de la liberté ne se révèle mieux que dans l'ordre économique. Son mirage s'évanouit comme un songe dès que la lutte pour la vie met en contact les individus isolés. L'ouvrier trouve devant lui un patron qui lui propose un salaire déterminé. Est-il loisible à l'ouvrier de refuser ce salaire? Non, les besoins de l'existence, une famille peut-être à entretenir l'obligent à accepter les conditions qui lui sont offertes.

Le patron ne l'est pas davantage. Il ne demanderait pas mieux, dans la plupart des cas, que de rétribuer convenablement ses employés et ses ouvriers. Seulement il ne le peut pas, étant le prisonnier d'une concurrence sans limites. Et il a beau avoir recours à toutes sortes d'expédients pour échapper aux effets de cette concurrence, il n'en est pas moins contraint de subir sa loi. Loi implacable qui le met dans l'impossibilité matérielle de donner à ses collaborateurs une rémunération en rapport avec les conditions de l'existence.

Ainsi ce n'est pas l'indépendance, ni la liberté qu'engendre l'état individualiste; c'est la servitude, c'est la dépendance: dépendance de l'ouvrier à l'égard du patron, dépendance du patron à l'égard de la concurrence, dépendance de tous à l'égard des conditions économiques.

gne, durant nombre de générations, transmet à chacune d'elles les vertus qui ont commencé la prospérité de la famille. Mais ces traditions ne se forment point dans les familles qui, s'occupant d'industrie, de commerce, de banque, arrivent rapidement aux sommets, par des coups heureux. On les voit donc, comme vient de l'observer M. Th. Funck-Brentano, — généralement parlant, et sauf les exceptions que la vertu du christianisme peut produire, — peu désintéressées, peu sensibles à l'honneur, peu portées aux nobles pensées qu'inspirent la foi et la charité chrétienne; et, par suite, plus habiles dans leurs affaires que dévouées au bien, et aspirant à pouvoir se livrer de plus en plus au bien-être, au luxe, aux plaisirs que l'argent permet de se procurer.

Dans ces conditions, les bonnes relations sociales avec ceux dont le travail a servi à les élever et continue à les maintenir dans leur position ou à les y faire grandir, sont bien rares et bien faibles, pour ne point dire nulles.

Elles le sont encore pour un autre motif. Poussés par le désir de s'enrichir toujours davantage, les grands industriels multiplient leurs usines ou les développent dans d'immenses proportions. Ils appellent par là, autour d'eux, des populations de plus en plus nombreuses. Le contact des patrons avec les ouvriers devient presque impossible : entre eux se trouvent les maîtres et les contremaîtres, et au-dessus d'eux tous les actionnaires, car ces grandes entreprises ne peuvent aller sans de grands capitaux tirés de nombreuses bourses. Peut-il être question de patronage et surtout de paternité de la part de ceux-ci, de ces hommes dont les coupons gisent au fond d'un coffre-fort, et qui ne connaissent d'aucune façon les travailleurs dont le labeur fait la valeur de leurs papiers?

Par toutes ces raisons, le bourgeois opulent a fini par vivre aussi à part du peuple que le gentilhomme des derniers temps. Il aura nécessairement le même sort. On peut même dire un sort pire : car à toutes les époques et chez tous les peuples, la chute de l'aristocratie financière, industrielle et commerciale, a été accompagnée de désordres plus violents et plus sanglants que n'en a amené la supplantation de l'aristocratie féodale par l'aristocratie foncière.

En Grèce, en Italie, en France, l'aristocratie féodale, reposant sur des sentiments profondément enracinés dans les âmes, se maintint de longs siècles. L'homme s'incline sans répugnance devant ce qu'il croit être le droit, ou que ses opinions lui montrent comme étant fort au-dessus de lui.

Moins longtemps dura la noblesse foncière, parce qu'elle était moins solide. Elle l'était encore beaucoup parce qu'elle aussi reposait sur l'opinion. Ces grandes propriétés étaient depuis longtemps dans la possession des familles, elles en constituaient le patrimoine, elles en portaient le nom, elles semblaient inhérentes aux familles elles-mêmes. De génération en génération, les travailleurs avaient vu transmis de père en fils le domaine sur lequel ils vivaient. Il fallut l'oubli des devoirs qu'il imposait, pour que la pensée pût venir de les en dépouiller.

L'aristocratie d'argent n'eut point chez les anciens peuples si longue durée. La poussée rapide des fortunes acquises par l'industrie, le commerce et la spéculation ne les recommande point au respect des peuples, non plus que leur instabilité; moins encore la source impure où plusieurs sont puisées. Enfin, l'inégalité des conditions qu'elles créent dans la même classe, déchaîne les convoitises et les appétits.

Généralement parlant, le bourgeois fait peu pour les apaiser, il ne cherche point à se rapprocher de la classe inférieure, à en connaître les aspirations et les besoins; il fuit le contact de ses misères, loin de s'unir à elle, pour chercher à en adoucir les souffrances, à écarter le vice, à restreindre la pauvreté.

Assurément, dans ces derniers temps, un certain nombre de patrons ont prêté l'oreille à la voix de l'humanité et de la religion et fait de grands sacrifices pour l'amélioration de la condition physique et morale de leurs ouvriers. Il se trouve même des actionnaires, qui dans les assemblées prennent à cœur et en mains leurs intérêts.

Toutefois ce ne sont encore que des exceptions.

L'état actuel est celui-ci. Autour des usines se pressent des multitudes venues de partout, déracinées des campagnes qui les ont vu naître, arrachées par là à toutes les influences de la famille, du voisinage, de la paroisse. Tous les liens qui les retenaient dans le bien, l'honneur de la famille, le respect de soi-même vis-à-vis de ceux qui nous connaissent, l'action de la religion par ses instructions et ses sacrements, tout cela est brisé et bientôt remplacé par d'autres influences : le cabaret, le journal, le syndicat; le cabaret qui corrompt le cœur, le journal qui corrompt l'esprit, le syndicat qui enchaîne la volonté. L'ouvrier devient ainsi très facilement et très promptement la proie des ambitieux qui flattent ses plus mauvais instincts, des écrivains qui répandent les idées les plus fausses, des camarades par lesquels toutes les saines traditions sont l'une après l'autre combattues et renversées. Les cerveaux sont envahis par l'aveugle domination des mots : progrès, égalité, liberté, démocratie; et les mains tiennent l'arme invincible du suffrage universel.

Tout cela n'est point sans amener une profonde démoralisation et la démoralisation ne tarde point à produire son fruit : le paupérisme. Les appétits dévorent le salaire au jour le jour; plus il s'accroît, plus il leur donne d'aliment, et plus la misère se développe.

Elle s'abat sur ces masses qui, n'ayant plus ni foi, ni loi, ni feu, ni lieu, ne sont plus retenues par rien, et qui sont prêtes à tout pour se procurer les jouissances dont ils voient leurs maîtres se rassasier.

M. de Tocqueville a écrit : « Ce n'est jamais qu'à grand'peine que les classes élevées parviennent à discerner nettement ce qui se passe dans l'âme du peuple. Quand le pauvre et le riche n'ont presque plus d'intérêt commun, de communs griefs et d'affaires communes, cette obscurité qui cache à l'esprit de l'un l'esprit de l'autre, devient insondable, et ces deux hommes pourraient vivre éternellement côte à côte, sans se pénétrer jamais. Il est curieux de voir dans quelle sécurité étrange vivaient tous ceux qui occupaient les étages supérieurs et moyens de l'édifice social au moment même où la Révolution commençait, et de les entendre discourir ingénieusement entre eux sur les vertus du peuple, sur sa douceur, quand déjà 93 est sous leurs pieds. »

L'illusion n'est plus aussi facile aujourd'hui. Pour s'éclairer, il n'y a d'ailleurs qu'à ouvrir les journaux populaires et les livres de ceux qui sont les seuls docteurs écoutés par le peuple. Ils persuadent que la condition de l'ouvrier, dans notre société, est pire que celle de l'esclave antique. Ils vont plus loin. « La propriété, c'est le vol », écrit Proudhon. « Le capital n'est que du travail mort, écrit Karl Marx, et qui, semblable au vampire, ne s'anime qu'en suçant du travail vivant, et sa vie est d'autant plus allègre qu'il en pompe davantage. » « A mesure que diminue le nombre des potentats du travail, écrit-il encore, par la concurrence qu'ils se font entre eux, s'accroissent les misères, l'oppression, l'esclavage, la dégradation, l'exploitation, mais aussi la résistance de la classe ouvrière sans cesse grossissante et de mieux en mieux disciplinée, organisée, unie par le mécanisme même de la production capitaliste. La socialisation du travail et la centralisation arrivant à un point où ils ne peuvent plus tenir dans leur enveloppe capitaliste, cette enveloppe se brise en éclats. La dernière heure de la propriété a sonné : les expropriateurs seront expropriés à leur tour. »

Et de quelle matière s'opérera cette expropriation? Marc Stirmer le dit : « Si quelqu'un s'oppose à notre marche, comme un rocher sur le chemin, nous le ferons sauter. »

Cette catastrophe, les clairvoyants l'ont annoncée depuis longtemps. Il n'y a qu'à se rappeler les paroles de M. Le Play, Blanc de Saint-Bonnet, Donoso-Cortès, etc.

Mais à côté des clairvoyants, combien d'autres semblent frappés de cette cécité dont parle Pierre Leroux :

« Il y a des hommes véritablement aveugles, qui ne voient rien par le cœur ni par la pensée, qui ne voient que des yeux du corps. Si vous leur demandez : Babylone ou Palmyre ont-elles existé, et sont-elles détruites? Ils vous répondront : oui; car ils peuvent vous montrer des ruines matérielles, des débris d'édifices enfouis dans les sables du désert..., mais si vous leur dites que la société actuelle est détruite, ils ne vous comprendront pas et se riront de vous, parce qu'ils voient de tous côtés des champs cultivés, des maisons et des villes remplies d'hommes. Que dire à ces aveugles, sinon ce que Jésus disait à leurs semblables : *Oculos habentes, non vident.* »

Et cependant, la Providence ne leur ménage pas les avertissements.

« Quand une société ne voit pas ou ne veut pas voir ce qu'elle doit faire, dit Alexandre Dumas fils, cette Providence le lui indique d'abord par de petits accidents symptomatiques et facilement remédiables, puis l'indifférence ou l'aveuglement persistant, elle renouvelle ses indications par des phénomènes périodiques, se rapprochant de plus en plus les uns des autres, s'accentuant de plus en plus, jusqu'à quelque catastrophe d'une démonstration tellement claire, qu'elle ne laisse aucun doute sur la volonté de ladite Providence. C'est alors que la société imprévoyante s'étonne, s'épouvante, crie à la fatalité, à l'injustice des choses. »

Il n'est guère possible que nous ne revoyions les scènes horribles qui ont désolé la Grèce dans ses derniers temps. Déjà nous en avons les prodromes dans les grèves, qui se multiplient, qui s'étendent, qui préparent la grève universelle, à laquelle le monde ouvrier tout entier se dispose, et pour laquelle il s'organise.

Mais toute grève augmente la misère et toute misère plus grande attise les haines. Dans quel abîme la grève générale fera tomber la société! Et dans quel état elle mettra les esprits et les cœurs! Le juif Henri Heine ne prophétisait point à l'aveugle lorsqu'il disait : « Le jour n'est pas éloigné où toute la comédie bourgeoise en France prendra une fin terrible et où l'on jouera un épilogue intitulé : le règne des communistes. A Paris, il peut alors se passer des scènes, auprès desquelles celles de l'ancienne Révolution ressembleraient à des rêves sereins d'une nuit d'été. »

Ce ne sera pas seulement la ruine de la bourgeoisie, mais celle de la patrie et de la société entière.

Pourquoi? Parce que la loi des sociétés humaines aura cessé d'être observée. Suspendez la loi de l'attraction et le monde tombera dans un effroyable chaos, les astres se heurteront et se briseront les uns contre les autres. Suspendez dans le monde social la loi de l'harmonie entre les classes, et elles aussi se dévoreront.

Rien ne peut sauver notre société d'une ruine irrémédiable, si ce n'est le rétablissement de cette harmonie que Léon XIII a montrée comme devant être le salut et à laquelle des patrons, trop peu nombreux, se sont dévoués.

En dehors de celui-là, tout autre moyen est insuffisant. « L'un, dit Mgr Ketteler, veut nous guérir par une meilleure répartition des impôts, l'autre par différentes catégories de caisses d'épargne, le troisième par l'organisation du travail, le quatrième par l'émigration, celui-ci par le protectionnisme, celui-là par le libre-échange, cet autre par la liberté des corps de métiers ou par la division du sol et de la fortune, cet autre précisément par les contraires, et d'autres encore par la proclamation de la République qui supprimerait toute misère et réaliserait le paradis sur terre. Ces moyens ont certes plus ou moins de valeur, et quelques-uns peuvent agir efficacement; mais, pour guérir nos plaies sociales, ils ne sont rien moins qu'une goutte d'eau dans la mer. La réforme intérieure de notre cœur, voilà ce qui nous sauvera. Les deux puissantes maladies de notre cœur sont d'une part la soif insatiable de jouir et de posséder, d'autre part l'égoïsme qui a tué en nous l'amour du prochain. Cette maladie a atteint les riches comme les pauvres. Que peuvent là contre une répartition nouvelle de l'impôt, ou des caisses d'épargne..., si longtemps que dans nos cœurs vivront ces sentiments » (1).

1. *L'un des six sermons prononcés à Mayence.* Traduction de Decurtins.

CHAPITRE VI

LE SALUT EST DANS LE RETOUR A LA PAIX SOCIALE

Spiritus humanus nunquam vivificat membra, nisi fuerint unita ; sic Spiritus Sanctus nunquam vivificat ecclesiæ membra nisi fuerint in pace unita.

S. Aug. De civ. Dei.

La France, qui avait précédé et guidé les nations modernes dans les voies de la civilisation, en est sortie la première. Pourra-t-elle y rentrer et comment le pourra-t-elle?

On demandait un jour à Socrate, quel remède il convenait d'apporter aux maux dont les Grecs souffraient. Il répondit : « Les Grecs doivent faire ce qu'ils faisaient à l'heure où ils étaient heureux et prospères. » Léon XIII a dit de même : « A qui veut régénérer une société quelconque en décadence, on prescrit avec raison de la ramener à ses origines » (1). Aux origines, aux heures de prospérité et de bonheur, les diverses classes de la société avaient basé leurs rapports sur les sentiments qui régnaient

1. Encyc. *Rerum novarum.*

au foyer familial et qui, rayonnant de proche en proche, avaient fini par constituer la nation.

A mesure que ces sentiments s'affaiblirent, les liens naturels se relâchèrent, puis se brisèrent les uns après les autres. Et aujourd'hui, pour que la société puisse encore subsister, il a fallu les remplacer par des liens artificiels, par tout un ensemble de moyens, imaginés et institués au fur et à mesure des craquements qui se produisaient dans la société, pour maintenir dans un certain ordre les divers membres sociaux, les faire correspondre entre eux et donner à l'Etat une vie factice.

C'est ainsi que naquit le régime administratif inauguré par Louis XIV, constitué par la Révolution, affermi et fixé par Napoléon Ier.

« Cette nation, disait l'empereur, est toute dispersée et sans cohérence; il faut refaire quelque chose; il faut jeter sur le sol quelque base de granit. » Les bases qu'il jeta furent les institutions administratives. Il n'y a en elles rien de granitique. Les institutions solides et durables sont celles qui réunissent des hommes qu'assemblent les mêmes idées, les mêmes sentiments, les mêmes intérêts.

Le régime administratif n'a aucune racine dans les âmes; il est fait tout entier de règlements rigides, appliqués par des hommes qui ont l'inflexibilité de la machine dont ils ne sont que les rouages. La machine administrative courbe tout, broie tout, même les consciences; mais il ne peut manquer de lui arriver ce qui arrive à toute machine, un jour ou l'autre elle volera en éclats. Déjà se font entendre de toutes parts et en toutes choses de sinistres explosions, avant-coureurs de la catastrophe finale.

Aurons-nous le sort des anciennes sociétés? Disparaîtrons-nous dans ce désastre? Ou pourrons-nous nous reconstituer? Le christianisme nous offre des ressources que le paganisme ne connaissait point.

Il a su recueillir les débris des civilisations antiques, et les animant de son esprit, il a fait surgir de ces ruines la civilisation moderne. Pourra-t-il la restaurer et nous rendre la vie? Assurément il le peut, si nous le voulons.

Il est la source pure de la charité, c'est-à-dire du plus puissant principe générateur des affections réciproques, du dévouement, du respect, de la fidélité, de tout ce qui assure la stabilité, de tout ce que nos aïeux avaient renfermé dans ce mot « LA PAIX ».

Saint Denis l'Aréopagite, dont les idées eurent sur le moyen âge une si grande influence, dans son livre *Des noms divers*, l'a chantée en ces termes :

« Et maintenant honorons par la louange de ses œuvres harmoniques la paix divine, qui préside à toute alliance. Car, c'est elle qui unit les êtres; qui les concilie et produit entre eux une parfaite concorde; aussi, tous la désirent, et elle ramène à l'unité leur multitude si diversifiée; combinant leurs forces naturellement opposées, elle place l'univers dans un état de régularité paisible.

» C'est par leur participation à la paix divine, que les premiers d'entre les esprits conciliateurs sont unis avec eux-mêmes d'abord, puis les uns avec les autres, enfin avec le souverain auteur de la paix universelle; et que, par un effet ultérieur, ils unissent les natures subalternes avec eux-mêmes, et entre elles, et avec la cause unique de l'harmonie générale... De cette sublime et universelle cause, la paix descend sur toutes les créatures, leur est présente, et les pénètre en gardant la simplicité et la pureté de sa force; elle les ordonne, elle rapproche les extrêmes à l'aide des milieux, et les unit ainsi comme par les liens d'une mutuelle concorde » (1).

Ces pensées si hautes avaient pénétré les âmes. Citons comme exemple le préambule de la « *charité* » dont le comte de Flandre, Baudoin III, dota, en 1114, la ville de Valenciennes.

« Au nom de la Sainte Trinité, paix à Dieu, paix aux bons et aux mauvais. Parlons de paix, mes très chers frères, pour votre profit. Paix doit être désirée, doit être cherchée, doit être gardée, car nulle chose n'est plus douce, ni plus glorieuse. Paix enrichit les pauvres et met les riches en honneur; paix ôte toute peur, apporte santé et confiance. Qui pourrait compter tous ses bienfaits? Les divines Ecritures disent à sa louange : « Hé Dieu! comme ils sont beaux

1. Ch. XI, Traduction de Mgr Darboy.

les pieds du messager qui annonce paix et bon message! » Et puisque paix est tant à louer et qu'elle abonde de tant de bien, aimez-la, mes chers frères, de tout votre cœur, tenez-la en votre pensée, gardez-la de toute votre force, afin que, par elle, vous puissiez vivre en honneur et parvenir à la paix éternelle dont Notre Sire a dit : « Je vous donne ma paix. »

A la même époque, la « *frairie* » des marchands de drap de la même ville publiait ses ordonnances, qui débutaient ainsi : « Frères, nous sommes images de Dieu, car il est dit dans la Genèse : « Faisons l'homme à l'image et semblance nôtre ». Dans cette pensée nous nous unissons, et, avec l'aide de Dieu, nous pourrons accomplir notre œuvre, si dilection fraternelle est épandue parmi nous; car par la dilection de son prochain, on monte à celle de Dieu. Donc, frères, que nulle discorde ne soit entre nous, selon la parole de l'Evangile : « Je vous donne nouveau commandement de vous entr'aimer, comme je vous ai aimés et je connaîtrai que vous êtes mes disciples en ce que vous aurez ensemble dilection » (1).

1. L'esprit de charité, dit M. Luchaire, était très développé dans toutes les corporations industrielles et marchandes, à plus forte raison quand elles se constituaient en confréries. Non seulement les confréries sont, à tous les points de vue, des sociétés de secours mutuel, mais une partie de leur trésor commun est généralement consacrée au soulagement des malheureux. Larges aumônes faites le jour de la fête patronale, invitation d'un certain nombre de pauvres aux repas de corps, argent fourni aux hôpitaux et maladreries, fondations d'hospices : tels sont les usages bienfaisants qui sont en pratique dans la plupart de ces associations. (Manuel des Institutions françaises, période des Capétiens directs, p. 368.)

En reproduisant ces documents qui furent des actes, et des actes qui produisirent durant des siècles ce pourquoi ils avaient été posés, voulons-nous dire qu'il faille revenir à la féodalité ou aux cadres étroits des corporations d'autrefois? Non certainement. On ne peut retourner aux formes sociales du passé, c'est chose impossible, et il n'y a point à le regretter. Mais ce qu'il faut, et qui suffit, c'est de restaurer dans les cœurs les nobles sentiments qui inspirèrent les institutions du passé, et dans la société les rapports que ces sentiments produisirent. De ces sentiments et de ces rapports naîtront des institutions nouvelles conformes à l'état présent de la société.

Léon XIII n'a cessé d'y exhorter. Commentant le mot de saint Paul aux Colossiens : « Mais surtout ayez la charité qui est le lien de la perfection », il dit : « Oui, en vérité, la charité est le lien de la perfection... Personne n'ignore quelle a été la force de ce précepte de la charité, et avec quelle profondeur, dès le commencement, il s'implanta dans le cœur des chrétiens, et avec quelle abondance il a produit des fruits de concorde, de bienveillance mutuelle, de piété, de patience, de courage! Pourquoi ne nous appliquerions-nous pas à imiter les exemples de nos pères? Le temps même où nous vivons ne doit pas nous exciter médiocrement à la charité » (1).

« Nous vous recommandons par-dessus tout

1. Encyclique : *Sapientiæ Christianæ.*

la charité sous ses formes variées, la charité qui donne, la charité qui unit, la charité qui ramène, la charité qui éclaire, la charité qui fait le bien par les paroles, par les écrits, par les réunions, par les sociétés, par les secours mutuels. Si cette souveraine vertu se pratiquait suivant les règles évangéliques, la société civile s'en porterait beaucoup mieux » (1).

« Pour conjurer le péril qui menace la société, ni les lois humaines, ni la répression des juges, ni les armes des soldats ne sauraient suffire; ce qui importe par-dessus tout, ce qui est indispensable, c'est qu'on laisse à l'Eglise la liberté de ressusciter dans les âmes les préceptes divins et d'étendre sur toutes les classes de la société sa salutaire influence » (2).

« De même que dans le passé, contre les hordes barbares, nulle force matérielle n'a pu prévaloir, mais bien au contraire la vertu de la religion chrétienne qui, en pénétrant leurs esprits, fit disparaître leur férocité, adoucit leurs mœurs et les rendit dociles à la voix de la vérité et de la foi évangélique; ainsi contre les fureurs de multitudes effrénées, il ne saurait y avoir de rempart assuré sans la vertu salutaire de la religion, laquelle, répandant dans les esprits la lumière de la vérité, insinuant dans les cœurs les préceptes de la morale de Jésus-Christ, leur fera entendre la voix de la conscience et du devoir, et mettra un frein aux convoitises avant

1. Discours au Patriciat romain, mai 1893.
2. Discours aux ouvriers français, 20 octobre 1889.

même que d'en mettre à l'action et amortira l'impétuosité des passions mauvaises » (1).

Conjurer le péril de la situation présente, n'est que le premier service que le retour à la charité chrétienne peut nous rendre. Il lui appartient encore de rétablir la société dans sa véritable constitution.

Encore une fois, nous n'entendons pas dire qu'il faille revenir au système des castes de l'Egypte ou de l'Inde, ni reconstituer la féodalité, ni suivre les errements de l'ancien régime, mais il faut bien se pénétrer de cette idée : que pour échapper aux funestes effets de l'individualisme qui, mettant tout en miettes, réduit tout à l'impuissance, il est absolument nécessaire de refaire des associations, et de les organiser conformément à la diversité de leurs fins et des fonctions exigées par la société. Pour atteindre ce but il n'y a que la constitution d'un bon et sain *régime corporatif.*

« De même que, dans le corps humain, les membres, malgré leur diversité, s'adaptent merveilleusement l'un à l'autre, de manière à former un tout exactement proportionné et qu'on pourrait appeler symétrique; ainsi, dans la société, les deux classes sont destinées par la nature à s'unir harmonieusement et à se tenir mutuellement dans un parfait équilibre. Elles ont un impérieux besoin l'une de l'autre : il ne peut y avoir de capital sans travail, ni de travail sans capital. La concorde engendre l'ordre et la

---

1. Lettre aux Italiens.

beauté; au contraire, d'un conflit perpétuel, il ne peut résulter que la confusion des luttes sauvages » (1).

« Faire cesser l'antagonisme entre les riches et les pauvres, n'est point le seul but que poursuit l'Eglise; instruite et dirigée par Jésus-Christ, elle porte ses vues plus haut, elle propose un corps de préceptes plus complet, parce qu'elle ambitionne de ramener l'union des deux classes jusqu'à les unir l'une à l'autre par les liens d'une véritable amitié » (2).

« Ce sera trop peu de la simple amitié; si l'on obéit aux préceptes du christianisme, c'est dans l'amour fraternel que s'opère l'union de tous, riches et pauvres » (3).

Réintégrée dans les cœurs, cette charité se fixera comme d'elle-même dans des institutions, pour peu qu'on le veuille.

« Ce que nous demandons, c'est qu'on cimente à nouveau l'édifice social en revenant aux doctrines et à l'esprit du christianisme, en faisant

---

1. Encyclique *Rerum novarum*. Dans l'usine, comme dans la domesticité, la matière du contrat qui intervient entre l'employeur et l'employé, ce n'est pas seulement l'œuvre à produire, mais la personne appelée à le produire. D'où il suit que le contrat lie ces deux personnes l'une à l'autre. D'où il suit encore que le lien formé est un lien moral qui met l'un dans une position supérieure et l'autre dans une position inférieure. Or par là même qu'il y a lien de dépendance ou de supériorité, il y a obligation de patronat, de paternité d'un côté et de filialité de l'autre, et voilà pourquoi les questions touchent au travail intéressent à la fois la religion, la morale et la politique.

2. Encycl. *Rerum novarum*.

3. Encycl. *Rerum novarum*.

revivre, au moins *quant à la substance*, dans leur vertu bienfaisante et multiple, et en telle forme que peuvent le permettre les nouvelles conditions du temps, ces corporations d'arts et de métiers qui jadis, informées de la pensée chrétienne, et s'inspirant de la maternelle sollicitude de l'Eglise, pourvoyaient aux besoins matériels et religieux des ouvriers, leur facilitaient le travail, prenaient soin de leurs épargnes et de leurs économies, défendaient leurs droits, et appuyaient, dans la mesure voulue, leurs justes revendications » (1).

Les corporations rétablies, non dans leur ancienne constitution, mais dans leur esprit, dans cet esprit que Léon XIII vient de dire, contribueraient pour beaucoup au rétablissement de « la paix ».

Un illustre naturaliste a cru pouvoir donner à ses studieuses observations cette conclusion: La lutte pour l'existence est la loi du règne animal. L'étude de l'histoire permet d'affirmer avec plus de certitude que l'une des principales lois de l'humanité est « l'entente pour la vie ».

Notre-Seigneur Jésus-Christ en a imposé la pratique en ces termes : « Tout ce que vous voulez que les hommes fassent pour vous, faites-le pour eux ». « Cette formule, dit le P. Gratry, aussi courte et plus simple que celle de l'attraction, se trouve être, comme la loi des astres, un principe complet, le principe d'une

1. Aux ouvriers français, 20 octobre 1889.

science plus riche, plus belle, plus importante que celle du ciel étoilé. Voilà la loi première, la loi morale, cause unique de tous les progrès humains » (1). De fait, la prospérité s'établit et se développe partout où cette loi est observée, aussi bien dans les nations que dans les tribus, et dans les corporations que dans les familles. Par contre, la discorde, la guerre, la ruine, se fixent partout où cette loi cesse d'être respectée.

L'entente pour la vie a son premier siège dans la famille. C'est là où elle s'impose d'abord avec les raisons les plus évidentes et par les sentiments les plus puissants. « L'amour provoqué par le lien du sang, dit M. Jacques Flach (2). la communauté de vie et de péril, le besoin de protection en commun sous l'égide d'un chef, engendrent la solidarité familiale. » Les tribus ne se sont formées que là où les mêmes sentiments ont produit le même effet, que là où le besoin de s'entendre pour la vie, rayonnant au delà du foyer familial, a attiré les forces voisines et les a fait concourir à un plus grand développement d'action et de vie. Les nations ne se sont point faites d'autre façon.

Si telle est la loi de formation des sociétés, si l'entente pour la vie est bien la loi de l'humanité, et si c'est bien dans la famille que cette loi a son principe, lorsqu'une société commence à se dissoudre, que faut-il pour arrêter cette

1. *La Loi morale et la Loi de l'Histoire*, t. I, p. 11.

2. *Les Organes de l'ancienne France.*

dissolution? Remonter au principe; faire revivre la loi; et pour allumer cette flamme, en reprendre l'étincelle à son foyer, le foyer familial.

Les Français étaient heureux et prospères lorsque la famille était chez eux solidement constituée, quand l'esprit de famille animait la société entière, le gouvernement du pays, de la province et de la cité, et présidait aux rapports des classes entre elles.

Aujourd'hui, la famille n'existe plus chez nous qu'à l'état élémentaire. La reconstituer est l'œuvre fondamentale, celle sans laquelle toute tentative de rénovation restera stérile. Jamais la société ne sera régénérée si la famille ne l'est d'abord. « Personne n'ignore, a dit Léon XIII, que la prospérité privée et publique dépend principalement de la constitution de la famille » (1).

Balzac a dit aussi : « Il n'y a de solide et de durable que ce qui est naturel, et la chose naturelle en politique est la famille. La famille doit être le point de départ de toutes les institutions ».

---

1. Lettre sur la famille chrétienne, 14 juillet 1892.

CHAPITRE VII

LA RÉFORME DOIT COMMENCER PAR LA RECONSTITUTION DE LA FAMILLE

Nostine, quod omne quod est, tamdiu manere atque subsistere solet, quamdiu sit unum, sed interire atque dissolvi pariter, quando unum esse desierit ?

BOETIUS. De Consol. IV.

« Ce ne sont ni les victoires des hommes de guerre, dit M. Funck-Brentano, ni les succès des diplomates, ni même les conceptions des hommes d'Etat, qui conservent aux nations la prospérité et la grandeur — et surtout qui peuvent les leur rendre lorsqu'elles les ont perdues; — c'est la puissance de leurs vertus morales. » Cette conviction, formée dans son esprit, par l'étude approfondie des diverses civilisations, est la conclusion de son livre *La Civilisation et ses Lois*.

C'est une dangereuse illusion de croire qu'un homme, fût-ce un homme de génie, puisse, du jour au lendemain, nous tirer de la situation où nous sommes, et rendre à la France son ancienne grandeur. La chute est trop profonde, elle date de trop loin : il y a plusieurs siècles qu'elle fut commencée. Il ne pourrait que nous relever et nous replacer sur la voie. Or, il n'y a point d'autre voie de salut que celle des vertus, les vertus morales et sociales, qui se montrent à l'origine de toutes les sociétés, leur donnant naissance, puis, faisant leur prospérité par la concorde et le secours mutuel.

Encore ne peut-il suffire que l'on obtienne d'individualités, si nombreuses qu'elles soient, la pratique de ces vertus; il faut qu'elles soient incorporées dans des institutions. Les vertus privées passent avec les hommes qui les pratiquent. Les nations sont des êtres permanents. Si les vertus sont leur soutien et leur fondement, elles doivent être perpétuelles; et cette perpétuité, elles ne peuvent la trouver que dans des institutions stables.

La première de ces institutions, la plus fondamentale, celle qui est de création divine, c'est la famille. La famille, avons-nous dit, est la cellule organique du corps social. C'est en elle que se trouve le foyer des vertus morales et sociales; c'est d'elle que nous les avons vues rayonner et pénétrer de leur puissance tous les organes sociaux et l'Etat lui-même.

Il en fut ainsi chez tous les peuples qui arrivèrent à une civilisation.

Or, la famille n'existe plus en France. Cette affirmation pourra surprendre; mais elle n'étonnera que ceux qui, voyant notre pays dans son état actuel, n'ont jamais eu idée de ce qu'il était autrefois et de ce qu'il doit être.

Autrefois, la famille française, comme la famille de la société antique, constituait un tout dense et homogène qui se gouvernait avec une entière indépendance vis-à-vis de l'Etat, sous l'autorité absolue de son chef naturel, le père, et dans la voie des traditions et des coutumes léguées par ses ancêtres.

Aujourd'hui, la famille est à ce point dans la dépendance de l'Etat que le père n'a même plus la liberté d'élever ses enfants comme sa conscience et ses traditions de famille lui disent de le faire. L'Etat s'en empare, avec la volonté légalement proclamée de faire de ces enfants des sans-Dieu et conséquemment des sans-mœurs. Et les pères de famille ont tellement perdu le sentiment de ce qu'ils sont, qu'ils laissent faire!

C'est que nous n'avons plus en France, de la famille, l'idée qu'on en a eue autrefois, l'idée qu'en ont tous les peuples qui vivent et qui prospèrent. Nous ne la voyons plus que dans la génération présente. Celle-ci ne forme plus dans notre pensée, et même dans la réalité, avec les générations précédentes et les générations subséquentes, ce tout homogène et solidaire qui traversait les âges dans sa vivante unité.

Dans l'une des conférences qu'il prêcha à l'Oratoire, Mgr Isoard a fort bien dit :

« La vie de l'individu est une, mais l'analyse nous y découvre trois éléments, les forces diverses de trois temps distincts. Cet homme a déjà vécu en d'autres existences. Il a le sentiment d'avoir vécu en son aïeul, en son bisaïeul.

Ce qu'ils ont pensé, il le retrouve en lui-même. La vie de ses ancêtres, c'est le commencement de la sienne, c'est sa première époque. — La seconde, le présent, la vie individuelle est comme une efflorescence de la première. Je continue l'œuvre de mon bisaïeul, j'ajoute à sa pensée; ce qu'il désirait faire, je le fais, je prolonge son action dans ce monde. — Ah! je vivrai longtemps sur cette terre, où je compte déjà tant d'années d'enfance dans mes aïeux, d'adolescence dans mon père, de maturité en ma propre existence! C'est cette troisième vie qu'il aime, qu'il regarde incessamment. Il vivra dans le fils, dans le petit-fils, dans l'arrière-petit-fils. Son bisaïeul à lui l'apercevait de bien loin, dans la brume, lorsqu'il travaillait, conservait, amassait. Et lui, il regarde de ce même côté, en avant : il pense, désire, bâtit pour l'arrière-petit-enfant, pour ceux qui sont là-bas, si loin, dans les limites de l'horizon. Et, de la sorte, tout homme vivant en un temps où règne l'esprit de tradition est un milieu entre nombre de générations. Il vit en elles. Il a ce sentiment qu'il préparait sa propre vie dans celles qui l'ont précédé, qu'il continuera longtemps à vivre dans celles qui viendront après lui » (1).

1. Le Japonais Naomi Tamura, revenant d'un voyage aux Etats-Unis a publié un livre sur la famille. Il y explique que dans son pays le mariage repose surtout sur l'idée de la race. « La vie d'un homme, dit-il, a moins d'importance que la vie d'une famille. Sous le régime féodal, le châtiment le plus terrible était l'extinction d'une famille existant depuis des centaines d'années; et de nos jours encore, tout Japonais instruit croit que l'extinction de sa race est la plus grande calamité qui puisse frapper un être humain.

Puis il rapporte un colloque qu'il avait entendu un mois auparavant entre *notre Monsieur* et son fermier. Celui-ci disait : « Il y a eu, au mois de décembre dernier, trois cent quarante-sept ans que *nous* sommes avec Monsieur, et l'autre répondait : *Nous*, nous étions ici avant vous; je ne sais pas au juste le nombre des années, je sais seulement qu'il y a plus de six cents ans ». — Mgr Isoard remarque : « Voilà deux hommes en qui n'a pas encore été comprimé, torturé, l'un des plus profonds, des plus puissants sentiments de l'homme. C'est ce sentiment qui fait l'esprit de tradition, esprit que l'on peut contrarier dans son expansion, dont on peut briser, pour un moment, l'effort, mais qui est indestructible, parce que l'homme est fait pour la vie ».

L'Etat, issu de la Révolution qui a enlevé à la famille française son indépendance, a aussi fait des lois pour lui enlever cette cohésion et cette permanence (1).

Au nombre des sophismes que J.-J. Rousseau, le docteur de l'Etat révolutionnaire, l'évangéliste de la société moderne, a tirés de la pré-

1. Non seulement les lois, mais que d'institutions semblent faites pour contribuer à la dislocation de la famille! Prenons par exemple les sociétés de secours mutuels, elles sont assurément dignes d'encouragements et d'éloges. Elles mettent en commun les risques pour en rendre le poids plus léger et les économies pour en augmenter l'efficacité par l'assurance. Mais c'est l'individualité qui leur sert de base, elles ignorent la famille. Nous avons des sociétés d'hommes, des sociétés de femmes, même des sociétés d'enfants. Elles ne voient pas dans la famille une société indissoluble, un tout compact. Elles en brisent la cohésion.

tendue bonté native de l'homme, se trouve celui-ci : « Les enfants ne restent liés au père qu'aussi longtemps qu'ils ont besoin de lui pour se conserver. Sitôt que ce besoin cesse, le lien naturel se dissout. Les enfants exempts de l'obéissance qu'ils doivent au père, le père exempt des soins qu'il devait aux enfants, rentrent tous également dans leur indépendance; s'ils continuent de rester unis, ce n'est plus naturellement, c'est volontairement, et la famille elle-même ne se maintient que par convention » (1).

Ces paroles ravalent l'homme au rang des animaux. Là, en effet, le lien se dissout dès que le besoin cesse. La Révolution, qui a voulu faire entrer, par ses lois, dans les mœurs, toutes les idées de Jean-Jacques, n'a point manqué de s'emparer de celle-ci et elle en a tiré la loi du divorce. Abolie par la Restauration, cette loi anti-familiale a été promulguée de nouveau par la République actuelle qui l'aggrave de jour en jour

La loi de 1881 (2) fit cette réserve que l'article 298 du code civil, prohibant en cas d'adultère le mariage entre complices, était conservé.

La loi du 15 décembre 1901 abrogea l'article 298.

Le 13 juillet 1907 le délai imposé aux divorces

1. *Contrat social,* ch. II.

2. Le promoteur du divorce est le Juif Naquet. Il reçut en 1884 les félicitations de la F.·. M.·. La loge de Bar-le-Duc lui écrivit : « C'est une revanche de l'Etat sur l'Eglise, et un acheminement à la séparation de ces deux vieux conjoints. »

pour qu'ils puissent contracter un nouveau mariage fut abrégé, en avançant son point de départ. Le 5 juin 1908 une nouvelle loi rendit automatique la conversion des séparations de corps en divorce, qui, jusque-là, était facultative. En même temps fut autorisée la légitimation des enfants adultérins et incestueux.

Une proposition de loi établissant le divorce par consentement mutuel est l'objet d'un rapport très favorable à la Chambre des Députés (1).

La loi du 13 juillet 1907 a porté une autre atteinte à la famille en y affaiblissant de nouveau l'autorité. Il faut un chef dans toute société. Le chef de la famille c'est l'homme; l'Apôtre saint Paul ne fait que rappeler sur ce point l'institution divine. La nouvelle loi a décidé que, quel que soit le régime adopté par les époux, la

---

1. « La loi du Divorce, a dit M. Paul Bourget, a été faite au nom des droits de l'individu, contre le lien de la famille. Il est inévitable qu'elle tende de plus en plus à desserrer ce lien jusqu'à ce qu'elle finisse par le rompre entièrement. Toutes les raisons qui ont été valables pour autoriser le divorce, sont également valables pour son extension indéfinie, et j'avoue n'avoir jamais compris quelle objection les partisans du principe individualiste, dont parlent les auteurs des *Deux Vies*, ont pu trouver à la logique de ce remarquable récit. (Dans le roman *Deux Vies*, MM. Paul et Victor Margueritte venaient de se faire les apôtres de « l'élargissement du divorce ».)

» Ces romanciers ont eu le mérite, non seulement d'incarner leurs théories dans une fable émouvante et forte, mais aussi d'en tirer les conclusions avec une singulière netteté. Je suis persuadé que l'essentiel de leur projet ne tardera pas à entrer dans le Code, puis, qu'à un très court intervalle de temps, il sera dépassé, et que cette surenchère de facilité ira s'aggravant ainsi jusqu'au jour où la loi du divorce aura manifesté la conséquence qu'elle porte réellement en elle : la substitution de l'Union libre à la Famille. »

femme pourra administrer les produits de son travail personnel et les économies en provenant, sans l'autorisation de son mari.

Sans doute, des femmes avaient à souffrir; mais on ne remédie point aux désordres privés par des atteintes portées aux principes.

L'un des organes de la démocratie chrétienne, le *Peuple français* a félicité les législateurs de ce « retour au principe supérieur de notre droit, qui est le respect de la dignité et de l'indépendance de la personne humaine », c'est-à-dire qu'il félicitait le législateur de l'introduction de la démocratie dans la famille.

La Restauration, qui avait rapporté la loi du divorce, n'avait fait que demi-besogne. Elle avait laissé subsister le mariage civil, autre invention révolutionnaire, dont le but était d'enlever au mariage sa sanction divine, et l'effet d'enlever à la famille la cohésion que lui donnent les liens scellés par Dieu lui-même.

Pour achever la désorganisation de la famille, le Code civil a prescrit le partage égal et en nature, entre les enfants, des biens meubles et immeubles laissés par le père à son décès (1).

1. Les liens de famille tels que les code les a laissé subsister sont encore trop étroits au gré de la démocratie. Le rapporteur du projet de loi sur les retraites ouvrières, M. Colin, agrégé de droit et professeur dans une faculté de l'Etat, pense que l'heure est venue de donner à la constitution de la famille un nouveau coup de pioche.

« Quant à la préoccupation, dit-il dans son rapport, de maintenir les liens dans les mêmes familles, préoccupation qui était dominante dans notre ancien droit, et dont n'ont peut-être su s'affranchir les rédacteurs du Code civil, il est évident qu'elle ne saurait plus peser d'aucun poids dans

Les effets de cette loi sont désastreux, aussi bien pour l'Etat que pour la famille; elle vient s'ajouter au divorce et au mariage civil pour obtenir que la famille française n'ait plus, ne puisse plus avoir la permanence qui lui faisait autrefois traverser les siècles. Et cependant, cette permanence entre si bien dans l'ordre voulu de Dieu, qu'on la trouve enseignée dans toute la Bible.

L'Evangile nous fait lire en deux sens la généalogie de la Sainte Famille de Nazareth, en descendant d'une génération à l'autre, et en en remontant le cours. Marie et Joseph, comme tous les Hébreux d'ailleurs, savaient qu'ils ne faisaient avec leurs ancêtres qu'une seule et même famille, qui remontait à David, comme David remontait à Juda, l'un des fils de Jacob, comme Jacob remontait à Noé, le restaurateur de la race humaine. De Noé étaient sortis trois grands embranchements qui, à chaque génération, pro-

---

les préoccupations d'un législateur statuant pour une société où le triomphe des idées démocratiques ne se discute plus... »

Après des considérations d'ordre moral, ou plutôt immoral, M. Colin arrive aux conclusions pratiques de son projet qui sont :

« 1° La suppression de l'héritage collatéral, à partir du quatrième degré;

» 2° La réduction des droits de l'époux survivant à la moitié de la succession de son conjoint, l'autre moitié devant revenir à l'Etat;

» 3° La prohibition de toute dévolution de ligne paternelle à ligne maternelle, et réciproquement, dans les successions déférées aux ascendants et aux collatéraux... »

Ainsi, le Code civil, qui avait déjà déraciné la famille française, n'accomplit pas assez vite son œuvre de destruction.

duisaient de nouvelles souches; et chacune de ces souches gardait religieusement les généalogies, par lesquelles elles se rattachaient au tronc commun.

Longtemps il en fut ainsi dans notre France. Citons pour exemple ces lignes tirées du livre de famille d'André d'Ormesson, conseiller d'Etat au XVIIe siècle : « Que nos enfants connaissent ceux desquels ils sont descendus de père et de mère, qu'ils soient incités à prier Dieu pour leurs âmes, et à bénir la mémoire des personnages qui, avec la grâce de Dieu, ont fait honneur à leur maison et acquis les biens dont ils jouissent ».

Pierre de C. écrit, même encore en 1807: « Vous trouverez, mes enfants, une suite d'aïeux estimés, considérés, honorés de leur pays et de tous leurs concitoyens. Une existence honnête, une fortune médiocre, mais une réputation sans tache : voilà le capital que se sont transmis, pendant quatre cents ans, onze bons pères de famille, qui n'ont jamais quitté le nom qu'ils avaient reçu, ni la patrie où ils étaient nés ».

Par ce mot « la famille », on n'entendait donc point seulement comme aujourd'hui le père, la mère et les enfants, mais toute la lignée des ancêtres et celle des enfants à venir.

Pour être ainsi une et continue à travers les siècles, elle avait non seulement la communauté du sang, mais, si je puis ainsi dire, un corps et une âme perpétuels. Le corps, c'était le bien de famille que chaque génération recevait des ancêtres comme un dépôt sacré : elle le conservait religieusement, elle s'efforçait de l'accroître, et elle le transmettait fidèlement aux générations suivantes. L'âme, c'étaient les traditions, c'est-à-dire les idées des ancêtres et leurs sentiments, les mœurs et les coutumes qui en découlaient.

C'est dans cette large compréhension que la famille fut tenue en France, comme d'ailleurs presque partout, jusqu'à la Révolution.

Une loi écrite au cœur des Français, consacrée par une coutume bien des fois séculaire, assurait la transmission du patrimoine d'une génération à l'autre; et un triple enseignement, celui donné par la conduite des parents que les enfants avaient sous les yeux, celui des exhortations, des conseils, des admonestations qu'ils en recevaient, et celui des écrits appelés livres de raison ou livres de famille, tenus à jour par chaque génération, assurait la transmission des traditions familiales.

Aujourd'hui, les livres de raison n'existent plus, même à l'état de souvenir, si ce n'est chez les érudits; le patrimoine n'est plus considéré par les enfants que comme une proie à se partager; et combien y en a-t-il parmi nous qui pourraient nommer leurs bisaïeuls?

La famille n'existe plus en France. Et c'est là, pour le dire en passant, ce qui explique le peu de résultats obtenus par les prêtres et les religieux qui ont eu en mains, pendant un demi-siècle, l'enseignement primaire et secondaire de plus de la moitié de la population. Leurs leçons ne trouvaient plus à s'asseoir sur le fondement solide que doivent poser dans l'âme de l'enfant les traditions de famille.

Non seulement la famille n'existe plus en France, mais il ne reste plus rien de la constitution sociale que l'histoire a vu sortir de la famille chez tous les peuples civilisés. La famille royale a été décapitée; les familles aristocratiques ont été décimées, et celles qui ont échappé au massacre et à la ruine ont été mises, par les lois, dans l'impossibilité d'agir et même de conserver leur rang. Enfin, les mêmes lois mettent les familles bourgeoises et prolétaires dans l'impuissance de s'élever d'une manière continue.

Ni à Athènes, ni à Rome, la société, une fois écroulée ainsi sur elle-même, ne s'est relevée. Le christianisme nous donne des moyens de régénération dont les sociétés païennes ne jouissaient point. Saurons-nous les employer?

Depuis un siècle, tous nos efforts ont échoué. Pourquoi? Parce que, subissant l'action déprimante des lois et des coutumes, issues des sophismes de Jean-Jacques, nous n'avons vu que l'individu, nous avons travaillé sur l'individu, au lieu de considérer la famille et de faire porter nos efforts à la reconstituer. La famille reconstituée produirait de nouveau des hommes. C'est le cri général : nous n'avons plus d'hommes! Si nous n'avons plus d'hommes, c'est que nous n'avons plus de familles pour les produire;

et nous n'avons plus de familles, parce que la société a perdu de vue le but de sa propre existence, qui est non pas de procurer à l'individu le plus de jouissances possibles, mais de protéger la germination des familles, et de les aider à s'élever toujours plus haut.

La famille, avons-nous dit, a deux supports : le Foyer et le Livre de famille, appelé en France Livre de raison. Ces deux supports ont été brisés l'un et l'autre par la loi : le premier directement, le second par voie de conséquence. La transmission du foyer et du patrimoine qui l'enveloppe, formait entre les générations successives le lien matériel qui les rattachait l'une à l'autre. A ce premier lien s'en joignait un autre : la généalogie et les leçons des ancêtres consignées dans le livre où la généalogie était dressée. Le Code civil s'est opposé à la transmission du foyer; il a décrété le partage égal des biens meubles et immeubles : par là, il a isolé toutes les générations, il a rendu chacune d'elles indépendantes, et de celles qui l'ont précédée, et de celles qui sont à venir; et pour toutes il a modifié peu à peu la manière de penser relativement à l'héritage paternel. On n'y voit plus qu'une source de jouissances personnelles. Autrefois, c'était un dépôt, un dépôt sacré que l'on avait l'obligation de transmettre comme on l'avait reçu.

L'état des biens de la famille d'Antoine de Courtois, dont M. de Ribbe a publié le Livre de raison, était précédé de ces lignes adressées aux enfants : « Mes bien-aimés, nous avons la jouissance de nos biens, nous ne pouvons en consommer que les fruits. Nos biens sont entre nos mains pour que nous travaillions sans cesse à les améliorer, et ensuite *pour que nous les transmettions après nous* à ceux qui nous suivront dans la carrière de la vie. Celui qui dissipe son patrimoine, commet un *vol* horrible : il trahit la confiance de ses pères, il déshonore ses enfants; il eût mieux valu, pour lui et pour toute sa race, qu'il ne fût jamais né. Tremblez donc de manger le bien de vos enfants et de couvrir votre nom d'opprobre ».

Ces sentiments découlaient naturellement de la pensée que tous avaient dans l'esprit : à savoir que le foyer et le domaine patrimonial étaient l'objet d'une sorte de fidéicommis perpétuel; qu'il n'était point permis de l'amoindrir, que tous devaient s'efforcer de l'accroître.

« Je me flatte, écrit, dans son Livre de famille, Pierre de Fresse de Morival, que mes enfants se rappelleront avec reconnaissance et n'oublieront jamais que j'ai toujours usé, à mon égard et pour mes besoins personnels, de l'économie la plus rigoureuse; que, conjointement avec ma chère et bien-aimée épouse, nous avons travaillé constamment et sans relâche, pendant tout le cours de notre vie, à la conservation de leur petite fortune, et qu'à notre exemple, pour reconnaître ce que nous avons fait pour eux et seconder nos désirs, ils vivront en paix, coopérant mutuellement à leur bien-être réciproque ».

« Chaque famille de Juda et d'Israël, dit la Sainte Ecriture, vivait en paix sous sa vigne et son figuier » (1). Il en était ainsi dans notre France, et pour qu'il en fût ainsi, les enfants étaient élevés dans la pensée, qu'après la mort des parents, le patrimoine ne pouvait être divisé, et le foyer paternel, asile de paix consacré par tant de souvenirs et de vertus, ne pouvait être vendu sans crime. Ce qui pouvait être partagé, c'était le produit net du travail commun, auquel avaient concouru les divers membres de la société domestique actuelle; mais l'œuvre des ascendants devait être conservée intacte, pour être remise fidèlement aux mains de ceux qui demain, qui aux siècles suivants, continueraient à maintenir la famille que les premiers auteurs avaient fondée. Si l'un de leurs descendants violait le pacte et dissipait le bien commun, il portait devant sa postérité la honte d'avoir fait déchoir la famille. « Notre petit bien, dit Pierre-César de Cadenet de Charleval, s'est accru peu à peu par le bon ménage de nos auteurs. Il faut avouer aussi que le luxe n'était pas si répandu qu'il l'est à présent. Le premier qui se tira de cet usage fut mon grand-père. Il voulut aller à Paris, et dans un an il dépensa 14.000 livres... Peu à peu le luxe empira, et on ne fit plus de capitaux; on a bien de la peine à s'entretenir aujourd'hui avec ce qui reste ».

Et Antoine de Courtois, que nous avons déjà cité : « Tant que ce domaine sera dans la fa-

1. Livre des Rois, III, chap. IV, 25.

mille, elle aura toujours une existence honorable. Je ne m'arrête pas à la pensée que mes descendants puissent être mis dans la nécessité de le vendre. Vendre les champs paternels, c'est désavouer leur nom et déshériter ses enfants. »

M. Charles de Ribbe, qui a étudié nombre de familles anciennes dans les documents qu'elles ont laissés, et particulièrement dans les Livres de raison, dit : « Humbles pour la plupart à leur origine, elles s'élèvent degré par degré; chaque génération ajoute une nouvelle pierre à l'édifice de leur fortune. Elles travaillent énergiquement, elles s'évertuent à bien penser et à bien agir, elles font de *bonnes maisons* (c'était alors le mot consacré), des maisons paternelles, honorées, et qui sont le siège d'une dignité respectée de tous ».

Avec sa stabilité, son esprit d'union, ses traditions de travail et de vie austère, la maison paternelle d'autrefois, où se formait une longue suite de générations d'honnêtes gens, a été une institution éminemment sociale et vraiment chrétienne. Aussi était-elle l'objet de la vénération des hommes.

Aujourd'hui, la maison paternelle ne mérite plus ce nom, car elle n'est plus le siège permanent et durable de la paternité. A la mort des parents, elle est vendue pour le prix en être partagé, lorsqu'elle a appartenu à la famille, lorsqu'elle a été autre chose qu'un hôtel loué momentanément. Avec elle est vendu le domaine. Si petit qu'il soit, il est l'objet de revendications qui s'attaquent à ses moindres parcelles; ses lambeaux se dispersent comme une poussière inféconde. Plus il y a d'enfants, c'est-à-dire plus la famille est morale, et plus il est impossible d'échapper aux conséquences de cette irrésistible liquidation. La famille est condamnée à l'état nomade, elle périt fatalement. Tous les trente ans en moyenne, une liquidation forcée s'exécute. « Fonctionnant, dit M. de Ribbe, à la façon du hache-paille, elle coupe le pivot de la souche domestique. »

CHAPITRE VIII

FAMILLES-SOUCHES

Post obitum matris suæ, Tobias, cum uxore sua et filiis et filiorum filiis reversus est ad soceros suos et curam eorum gessit, et ipse clausit oculos eorum, et omnem hereditatem domus Raguelis ipse percepit, viditque quintam generationem, filios filiorum suorum. Et completis annis nonaginta novem in timore Domini, cum gaudio sepelierunt eum. Omnis autem cognatio ejus, et omnis generatio ejus in bona vita et in sancta conversatione permansit, ita ut accepti essent tam Deo quam hominibus, et cunctis habitantibus in terra.

TOBIAS, XIV, 14-17.

Le travail d'observation auquel M. Le Play s'est livré, durant tant d'années et en tant de pays, l'a amené à ces conclusions.

Il y a toujours, et il y a actuellement encore dans le monde, trois régimes de famille : la *famille patriarcale*, la *famille-souche* et la *famille instable.*

Sous le régime patriarcal, que l'on trouve encore dans presque toute l'Asie et en Europe sur certaines montagnes, le père garde sous son autorité immédiate ses fils, leurs femmes et leurs enfants. La communauté comprend jusqu'à quatre générations. Les idées, les mœurs, les habitudes des ancêtres, l'esprit de la race pénètrent les enfants dès le jeune âge d'une manière ineffaçable. Le mauvais côté de ce régime est la routine, l'absence de progrès.

La famille-souche se maintient à travers les âges comme la famille patriarcale, mais elle a plus de souplesse et se prête mieux au perfectionnement.

Elle a, comme la famille patriarcale, un double élément de stabilité et de perpétuité : l'un matériel, le foyer; l'autre moral, la tradition.

L'intérêt que la famille-souche considère comme majeur et qu'elle place avant tous les autres, c'est la conservation du bien patrimonial transmis par les aïeux. La famille est semblable à une ruche, de nouveaux essaims y naissent et en partent, mais la ruche ne doit pas périr.

Pour la maintenir, les parents, à chaque génération, associent à leur autorité celui de leurs enfants qu'ils jugent le plus apte à travailler de concert avec eux, puis à continuer après leur mort l'œuvre de la famille : la culture du domaine familial ou la marche de l'industrie. Cet enfant n'est pas de droit l'aîné, il l'est presque toujours de fait. L'aîné semble désigné par la Providence, il est plutôt prêt à donner son concours au père, il peut mieux veiller à l'éducation de ses frères et sœurs. Il se prépare de bonne heure aux obligations qui lui sont en quelque sorte imposées par la volonté divine. A l'époque de son mariage, il est institué *héritier* du foyer et du domaine ou de l'atelier; ou plutôt il en est constitué le dépositaire pour le transmettre, après l'avoir fait valoir, à la génération suivante. En Provence, il est appelé *le soutien de la maison* (1).

Cette qualité lui impose les charges de chef de la famille. Il a l'obligation d'élever les plus jeunes enfants, de leur donner une éducation en rapport avec la condition de la famille, de les doter et de les établir avec l'épargne réalisée d'année en année par le travail de tous. Si l'héritier

---

1. Te voilà fort et grand garçon,
Tu vas entrer dans la jeunesse;
Reçois ma dernière leçon:
Apprends quel est ton droit d'aînesse.

Ainsi que mon père l'a fait,
Un brave aîné de notre race
Se montre fier et satisfait
En prenant la plus dure place.

Son épargne est le fonds commun,
Où puiseront tous ceux qu'il aime;
Il accroît la part de chacun
De tout ce qu'il s'ôte à lui-même.

Du poste où le bon Dieu l'a mis
Il ne s'écarte pas une heure;
Il y fait tête aux ennemis,
Il y mourra s'il faut qu'il meure!

Ainsi, quand Dieu me reprendra,
Tu sais, dans notre humble héritage
Tu sais le lot qui t'écherra
Et qui te revient sans partage.

Nos chers petits seront heureux,
Mais il faut qu'en toi je renaisse.
Veiller, lutter, souffrir pour eux...
Voilà, mon fils, ton droit d'aînesse!

Victor DE LAPRADE.

meurt sans enfants, un des membres établis hors du foyer quitte sa maison pour y revenir et remplir les devoirs de chef. Ces devoirs comprennent, en outre de ceux que nous avons dit, l'entretien du foyer et de ses dépendances, la garde du tombeau des ancêtres, la célébration des anniversaires religieux, etc. Tout cela lui impose une existence sévère et frugale dont l'exemple est bien fait pour initier les jeunes générations à la vertu (1).

---

1. M. Edmond Demolins voyageait un jour à bord d'un vaisseau norvégien. Il savait que le domaine du paysan de la Norvège est un petit royaume que le père transmet intégralement à l'un de ses fils.

« Je voulus, raconte M. Demolins, connaître ce que le capitaine du vaisseau où j'avais pris passage, pensait du partage des successions dans son pays. Son opinion m'intéressait d'autant plus, que notre homme, n'ayant pas été désigné par son père comme héritier, paraissait n'avoir aucune raison personnelle d'être favorable à la transmission intégrale.

» En ce qui concerne sa succession, le père, me dit-il textuellement, *fait ce qu'il a dans la tête*. Il choisit seul et sans contrôle celui de ses enfants auquel il veut laisser sa barque de pêche et son domaine rural.

— Dans ces conditions, lui dis-je, quel est le sort des enfants qui n'héritent pas du domaine?

— Le père les aide à s'établir, en leur donnant les sommes d'argent dont il peut disposer.

— Donne-t-il à chacun d'eux une somme égale?

Je posai cette question afin de savoir si les idées de partage égal, qui sont si chères aux Français, exciteraient quelque sympathie dans l'esprit de mon interlocuteur.

Il me regarda avec étonnement, puis me répondit : « Mais cela ne serait pas juste. Tous les enfants ne sont pas égaux; les uns ont plus de chance ou plus de qualités que les autres, et réussissent rapidement à se créer une position; à ceux-là, le père donne peu ou ne donne rien, afin de pouvoir aider plus efficacement les autres.

» D'ailleurs, ajouta-t-il, le succès dans la vie ne provient pas de l'argent dont on dispose, mais des qualités personnelles. On voit autant de gens riches qui se ruinent par leur incapa-

« On n'est pas digne de gouverner les hommes, dit M. de Bonald, lorsqu'on ne sent pas l'influence sur les habitudes d'un peuple, c'est-à-dire, sur ses vertus, d'une loi qui, constituant chaque famille comme la société elle-même, y établit en quelque sorte la royauté par le droit d'aînesse, et l'indivisibilité et presque l'inaliénabilité du patrimoine par la nécessité de convenance où sont les frères de prendre en argent leur portion légitimaire, et de laisser dans la maison paternelle l'intégrité des possessions. Cette maison a été la demeure de mes pères, elle sera le berceau de mes descendants. Là, j'ai

---

cité, que de gens pauvres qui s'élèvent à la richesse par le travail. Un homme doit savoir se suffire à lui-même. »

Cette réponse me frappa : elle pose la question sur son véritable terrain. Avec sa brutalité, notre partage égal n'est, dans chaque famille, qu'une source permanente d'inégalité. L'appréciation du père est plus équitable, car elle balance, pour chaque enfant, les inégalités de la nature. Elle rétablit l'équilibre et a pour résultat de donner à chacun un secours proportionné à ses besoins. Elle n'abaisse pas le père au rôle de simple caissier; mais l'élève à la dignité de juge et d'équitable dispensateur de la fortune qu'il a su gagner ou conserver.

Dans ces conditions, le père n'est pas porté à limiter le nombre de ses enfants, car il ne considère pas chaque nouveau-né comme un créancier devant réclamer sa part du domaine ou diminuer celle de ses frères. Il sait que les enfants sortis de familles nombreuses sont généralement mieux élevés, mieux préparés aux luttes de la vie, plus capables, par conséquent, de se tirer d'affaire et même de venir en aide à leurs frères et à leurs sœurs.

J'interrogeai le capitaine au sujet de la situation faite à ces dernières.

Elles n'ont pas de dot. « Dans de pareilles conditions, fais-je observer, une Française trouverait difficilement un mari. — Je ne connais pas un Norvégien, me répond le capitaine, qui ait été arrêté par cette considération. Nous pensons qu'un mari doit être capable de soutenir sa famille. »

vu la vieillesse sourire à mes premiers travaux, et je verrai moi-même l'enfance essayer ses forces naissantes. Ces champs ont été cultivés par mes pères, je les cultive moi-même pour mes enfants. Des souvenirs aussi chers, des sentiments aussi doux se lient au goût le plus puissant sur le cœur de l'homme, le goût de la propriété, et fait le bonheur de l'homme en assurant le repos de la société; je dis plus, elles assurent la perpétuité. Dans les pays où, par l'égalité des partages, la loi force les enfants de vendre tout ce qui pourrait leur rappeler leurs pères, il n'y a jamais de famille; je dirai plus, il n'y a jamais de société, parce qu'à chaque génération la société finit et recommence.

» Là, aucun des enfants, n'a intérêt à rester auprès de ses parents pour travailler gratuitement à améliorer un bien dont les frères, à la mort du père, retireront autant que lui. Les enfants, à mesure qu'ils sont en âge de travailler, quittent la maison paternelle pour aller chercher de forts salaires dans d'autres exploitations agricoles ou dans les établissements d'industrie. Les parents cependant avancent en âge et bientôt la vieillesse ou les infirmités ne leur permettent plus de cultiver leur bien. Ils le vendent pièce à pièce à mesure de leurs besoins, ou le laissent dépérir; et dès qu'ils ne sont plus, les enfants viennent partager ce qui reste, maudissent quelquefois leur père de ce qu'il a ébréché leur patrimoine, ou trop souvent plaident entre eux pour ce partage; et les cœurs restent encore plus divisés que les propriétés ne sont morcelées.

» Et la mère, si elle survit à son époux, la mère, seule autorité que reconnaisse l'enfance et que respecte encore la jeunesse, que deviendra-t-elle? Veuve de son mari, veuve de ses enfants, qui, sans point de ralliement, s'en vont chacun de leur côté, elle voit vendre la couche nuptiale, le berceau où elle avait allaité ses enfants, la maison pour laquelle elle avait quitté la maison paternelle et où elle avait cru finir ses jours; elle reste isolée, sans considération et sans dignité, abandonnée à la fois et de sa famille à qui elle avait donné le jour, et de celle où elle l'avait reçu.

Et les puînés ont-ils à se féliciter autant qu'on le croit de l'égalité des partages? Sans doute, dans quelques familles opulentes et peu nombreuses, les premières parts sont plus fortes; mais chaque enfant veut faire une famille; et ce bien divisé d'abord en petit nombre, se divise de nouveau entre un plus grand, et tôt ou tard ce morcellement croît en raison géométrique. Chez les petits propriétaires, ce mal se fait sentir à la première génération; chacun cependant reste attaché à sa petite fraction de propriété, se tourmente et s'exténue lui-même pour en tirer une chétive subsistance qu'il aurait gagnée avec moins de peine et plus de profit dans une autre profession.

» L'égalité des partages porte un coup mortel à la propriété. Quel intérêt peut mettre le propriétaire à l'acquisition et à l'amélioration d'une propriété qui lui donne tant d'embarras pendant sa vie, et qui doit, à sa mort, disparaître en fractions imperceptibles et aller grossir le patrimoine d'une famille étrangère? Comment oserait-il se livrer à des spéculations d'amélioration qu'il peut ne pas achever et que personne après lui ne continuera? »

Dans la famille solidement établie sur le sol, ou sur l'usine, ou sur la maison de commerce, les garanties de prospérité se fortifient à mesure que s'accroît le nombre des enfants, car ils ont des aptitudes et des qualités différentes et tous travaillent au bien commun. Quelques adultes restent au foyer paternel. Les filles qui ne se marient point sont la providence des enfants, le soulagement des infirmes, des malades et des vieillards, la joie du foyer, les gardiennes des bonnes œuvres et des saines traditions.

De loin en loin, un rejeton doué d'aptitudes supérieures s'élève par ses talents et ses vertus au-dessus du rang occupé par la famille, soit dans le clergé, soit dans la magistrature, soit dans l'armée. Tous, les plus illustres comme les plus humbles, se plaisent à honorer la maison-souche; ils y reviennent à certains anniversaires, même des lieux les plus éloignés. Par là, ils signalent l'éducation morale qu'ils ont reçue au foyer paternel comme étant la cause de leurs succès; et ils montrent à leurs descendants la source des traditions d'honneur et de vertu auxquelles les familles ainsi essaimées devront, elles aussi, la prospérité. Cicéron parlant d'Arpinium dit : « Ici est ma vraie patrie et celle de mon frère Quintus; ici nous sommes nés d'une très ancienne famille; ici sont nos sacrifices, nos parents, de nombreux monuments de nos aïeux. Vous voyez cette maison, je suis né en ce lieu. Aussi je ne sais quel charme s'y trouve qui touche mon cœur et mes sens » (1).

Quant à l'héritier de la vieille maison, il procure pendant un demi-siècle l'éducation puis l'établissement de deux générations, celle de ses frères et sœurs et celle de ses propres enfants. Après avoir à son tour institué et guidé l'*héritier*, il meurt heureux dans la pensée que tout son monde est dans la voie du bien et que la famille y persévérera un temps infini.

Sa mémoire, celle de son père et des aïeux, est pieusement gardée au foyer familial dans le cœur de leurs descendants et dans le Livre de raison. Est également gardée la totalité des forces morales et matérielles accumulées par les générations précédentes et destinées à se développer encore par le travail et la vertu des générations à venir, pour faire monter la famille de degré en degré dans la hiérarchie sociale.

Comme l'a fort bien remarqué M. l'abbé de Pascal, « le groupe primordial et nécessaire de la société, la famille était ainsi solidement constituée et défendue, enracinée profondément dans

1. *De lig.*, II, 1.

le sol, possédant, grâce au système général de la législation écrite ou coutumière, des garanties sérieuses de stabilité et de continuité. Sous ce régime, la France était peuplée de familles professionnelles se transmettant, en même temps que l'amour de la profession, des aptitudes innées — en quelque sorte à l'exercer, — et une éducation spéciale puisée dans l'apprentissage familial, et cela à tous les rangs de la société : familles de paysans, d'artisans, de tabellions, de magistrats, de diplomates, de gens d'épée, et l'on peut dire que le pays a vécu jusqu'à nos jours des débris de ces familles professionnelles » (1).

L'organisation de la famille-souche, bonne à la société, est bonne aux individus. Elle distribue

1. Et ailleurs :

« Il me paraît peu scientifique de nier la fécondité de la loi d'hérédité, dans un temps où la science en a démontré les effets, soit en bien, soit en mal, avec un véritable luxe d'arguments tirés de l'expérience quotidienne. Quoi! l'histoire nous montre que l'on crée à la lettre des *races* de gouvernants, de combattants, de diplomates, de magistrats, que l'un des grands buts de l'éducation est précisément de développer les bons germes déposés par l'hérédité et d'éliminer les mauvais; et vous vous priveriez des bénéfices d'une loi naturelle d'une pareille puissance! Vous dites : l'hérédité est une loi brutale et animale, qui aboutit dans l'ordre public à la formation de castes fermées. Et je réponds : l'hérédité par la continuité qu'elle assure au corps social, est une imitation, infime sans doute, de la pérennité divine; réglée, contenue, modifiée par l'esprit chrétien, par les mœurs, par les coutumes, elle aboutit non à la *caste*, mais à la tradition *professionnelle*, ce qui, aux yeux de tout vrai philosophe politique, est un bien de premier ordre. Je comprends parfaitement que l'hérédité politique et sociale soit repoussée par ceux qui, comme les socialistes, rejettent l'hérédité économique; mais, dès lors qu'on admet celle-ci, quelle difficulté voit-on à admettre que l'hérédité sociale tende comme d'elle-même à rejoindre l'hérédité économique? » *Philosophie morale et sociale. Formes du pouvoir.*

équitablement les avantages et les charges entre les membres d'une même génération. A l'héritier, en balance de lourds devoirs, elle confère la considération qui s'attache au foyer des aïeux. Aux membres qui se marient au dehors, elle assure l'appui de la maison-souche avec les charmes de l'indépendance que la famille patriarcale n'accorde point. A ceux qui préfèrent rester au foyer paternel, elle donne la quiétude du célibat avec les joies de la famille. A tous elle ménage, jusqu'à la plus extrême vieillesse, le bonheur de retrouver au foyer paternel les souvenirs de la première enfance. Elle est également bonne et bienfaisante pour toutes les classes de la société. Elle préserve les plus riches de la corruption en leur imposant de sévères devoirs; elle fournit aux moins aisés les moyens d'épargner à leurs rejetons les dures épreuves de la pauvreté.

Ce régime s'est constitué spontanément avec ses principaux caractères chez les races sédentaires, fécondes, vouées à un travail assidu. Fondé sur la nature même de l'homme, il a été partout l'œuvre de la coutume, non de la loi écrite. Il existe encore chez presque tous les peuples de l'Europe. Malgré la loi du partage forcé, il est encore représenté en France, surtout au voisinage des Pyrénées, par d'admirables modèles. Les familles-souches se comptent encore actuellement en France, par dizaines de mille, et dans le reste de l'Europe, par millions, faisant régner en elles et autour d'elles, la paix, la prospérité et la vraie liberté.

La féodalité avait été favorisée dans son évolution, par le régime que nous venons de décrire. Le régime féodal, en effet, groupait les seigneurs dans une hiérarchie supérieure, au sommet de laquelle se trouvait le suzerain, comme il groupait les différentes classes de tenanciers sous l'autorité et la protection des seigneurs de chaque fief. La propriété du fief et la fonction seigneuriale se transmettaient à celui des fils que le père s'était associé de son vivant. L'héritier devait prendre en charge toutes les obligations de sa race. Il devait conserver la mémoire des ancêtres, doter frères et sœurs, assurer l'avoir des descendants, pratiquer en un mot tous les devoirs imposés à une famille-souche agricole et guerrière. Le tenancier avait sur la jouissance de son domaine, des droits analogues à ceux que le seigneur exerçait sur la propriété de son fief et il les transmettait, dans les mêmes conditions, à un héritier librement choisi.

La société était ainsi aussi solide et aussi stable que la famille. Elle avait une assiette que rien ne pouvait ébranler.

« La famille dominante était attachée au sol par un fief, dit M. la Tour du Pin Chambly, la famille serve par une glèbe, la famille libre par une censive : le même sol portait et nourrissait ces trois souches, non pas comme trois arbres isolés sans autre rapport que l'ombre qu'ils se portent, mais comme trois rameaux dont les racines seraient entrelacées d'une manière inséparable. L'une ne pouvait pâtir sans que les deux autres ne lui vinssent en aide parce qu'elles étaient incapables de vivre l'une sans l'autre; je dirai plus, la vie de l'une était la vie de l'autre : celui-ci protégeait celui-là, celui-là nourrissait celui-ci. » La race trouvait, dans ce régime, les forces matérielles et morales qui sauvegardaient l'indépendance du territoire; tandis qu'il la maintenait elle-même dans une puissante et vivifiante hiérarchie, permettant à tous les talents de se déployer, tout en empêchant le déclassement et ses suites dont nous avons tant à souffrir.

Le Code civil a tué chez nous la famille-souche (1). Par la liquidation perpétuelle qu'il impose, les grandes familles ont été condamnées à s'amoindrir de génération en génération, les familles bourgeoises ont été mises dans l'impossibilité de s'élever, et même de se maintenir longtemps au point où l'effort de leurs membres les avait fait parvenir. Les familles ouvrières sont enfermées dans leur condition (2). « Supposons,

1. On a célébré pompeusement ces temps-ci, le centenaire de la promulgation du Code civil. Autant dire qu'on a célébré le plus certain élément de dissociation d'un peuple qui ait jamais été inventé.

Ce code a été fait pour détruire les familles, abolir l'hérédité, anéantir les traditions locales et isoler les individus, annihiler et détruire progressivement toutes les influences territoriales et industrielles au bénéfice du capital anonyme et cosmopolite, c'est-à-dire du capital juif. Il porte aujourd'hui ses pleines conséquences. Elles se traduisent par un fléchissement universel de la moralité publique, et par la ruine de la nation.

2. On peut dire que cela a été prévu par Napoléon. Le 6 juin 1806, il écrivit à son frère Joseph, le roi de Naples: « Je veux avoir à Paris cent familles, toutes s'étant élevées

dit M. Le Play, qu'au prix d'une épargne longue et laborieuse, et grâce à la coopération d'un patron bienveillant, le père de famille paysan, ouvrier ou employé, soit arrivé à la pleine propriété de son habitation; la mort le frappe, et voilà qu'aussitôt les hommes de loi et du fisc interviennent, au nom de la législation qui prescrit le partage égal et en nature de tous les biens meubles et immeubles. Ils s'introduisent au foyer domestique, en font l'inventaire; enfin, la maison elle-même est mise en vente. Tout est à recommencer. Et qui profite de la vente? Sont-ce les enfants? Nullement. C'est le fisc; ce sont les gens de loi » (1).

avec le trône et restant seules considérables. *Ce qui ne sera pas elles* va se disséminer par l'effet du Code civil. Etablissez le Code civil à Naples; tout ce qui ne vous est pas attaché va se détruire en peu d'années, et ce que vous voulez conserver se consolidera. »

Au XVIIIe siècle, la reine Anne avait aussi appliqué aux Irlandais catholiques le partage égal et forcé, conservant aux protestants la faculté de tester selon les lois anglaises; et le sol d'Irlande passa peu à peu aux mains des lords protestants.

1. Les chiffres ont aussi leur éloquence. M. Le Play cite, dans le Nord, six lots de terre, vendus pour un prix total de 36 francs : ils ont exigé 758 fr. 85 de frais. Dans le même département, des lots vendus 51, 58 et 55 francs, ont donné lieu à des frais respectifs s'élevant à 210, 250 et 501 fr. 92. Dans le Pas-de-Calais, 37 ares de terre ont été vendus 845 francs; les frais préparatoires se sont élevés à 1,862. Après beaucoup d'autres exemples, il dit: « Nous pourrions appuyer ces faits par cent mille autres de même nature. Ils se reproduisent sans cesse dans chacune de nos localités. »

M. Georges Michel a démontré que, dans la vente des petits héritages, la somme des frais est toujours supérieure au montant du prix d'adjudication. *(Une iniquité sociale. Les frais des ventes judiciaires d'immeubles).* La loi de 1884, il est vrai, a exonéré de certaines charges les immeu-

« Le Code, dit M. About, a défait peut-être un million de fortunes au moment où elles commençaient à se faire. Le père fonde une industrie et meurt; tout est vendu et partagé; la maison ne survit pas à son maître. Un fils a du courage et du talent : avec sa petite part du capital paternel, il fonde une autre maison, réussit, devient presque riche et meurt; nouveau partage, nouvelle destruction; tout à recommencer avec nouveaux frais ».

Il n'y a plus chez nous, légalement du moins, que des familles instables. L'esprit et le texte du Code civil sont opposés à toute consolidation, à toute perpétuation. Il n'attache à la famille que l'idée d'une société momentanée qui se dissout à la mort d'un des contractants. « Tandis qu'autrefois, comme le dit Taine, il y avait quantité de familles enracinées sur place depuis cent ans, deux cents ans et davantage. Non seulement dans la noblesse, mais aussi dans la bourgeoisie et le tiers-état, l'héritier d'une œuvre devait en être le continuateur... Petit ou grand, l'individu ne s'arrêtait pas à lui-même; sa pensée s'allongeait vers l'avenir et vers le passé, du côté de ses ancêtres et du côté de ses descendants, sur la chaîne indéfinie dont sa propre vie n'était qu'un anneau... Quand, par la

---

bles d'une valeur inférieure à 2.000 fr., mais les statistiques officielles établissent que les frais de ventes judiciaires sont égaux, si ce n'est plus élevés qu'antérieurement. Il y en a trop et il y a trop de formalités. Sur 100 fr. le fisc prélève 90 fr., alors que la part des hommes de loi représente à peine 10 0/0.

vertu de la discipline intérieure, une famille s'était maintenue droite et respectée dans le même lieu pendant un siècle, elle pouvait monter d'un degré, introduire quelqu'un des siens dans la classe supérieure ».

Renan a dit aussi :

« Un code de lois qui semble avoir été fait pour un citoyen idéal, naissant enfant trouvé et mourant célibataire; un code qui rend tout viager, où les enfants sont un inconvénient pour le père, où toute œuvre collective et perpétuelle est interdite, où les unités morales, qui sont les vraies, sont dissoutes à chaque décès, où l'homme avisé est l'égoïste qui s'arrange pour avoir le moins de devoirs possible, où l'homme et la femme sont jetés dans l'arène de la vie aux mêmes conditions, où la propriété est conçue non comme une chose morale mais comme l'équivalent d'une jouissance toujours appréciable en argent, un tel code, dis-je, ne peut engendrer que faiblesse et petitesse. Avec leur mesquine conception de la famille et de la propriété, ceux qui liquidèrent si tristement la *banqueroute de la Révolution*... préparèrent un monde de pygmées et de révoltés » (1).

Si nous voulons que la France ait encore un avenir, rien de plus fondamental, rien de plus nécessaire que de rendre à la famille française la faculté de se replacer sous le régime de la famille-souche, ayant un atelier perpétuel (champ, usine, maison de commerce), chargé de

1. Préface des *Questions contemporaines*.

produire non seulement le pain quotidien, mais celui des vieux jours et l'établissement des enfants, ayant aussi son foyer chargé de l'éducation des jeunes générations selon les traditions des ancêtres. Dès que cette liberté sera rendue, un certain nombre de familles entreront d'elles-mêmes dans cette voie, et, après quelques générations, se trouveront tout naturellement au-dessus de celles qui seront restées dans l'instabilité. La hiérarchie sociale s'ébauchera à nouveau par le fait même. La société se raffermira d'autant et finira par se reconstituer.

« Tout dans l'histoire, a fort bien dit M. Paul Bourget, démontre que l'énergie du corps social a toujours été, comme disent les mathématiciens, en fonction ou en proportion de l'énergie de la vie de famille ».

Il n'est rien à quoi la secte révolutionnaire veuille, dans l'ordre social, s'opposer davantage, parce qu'il n'est rien de plus contraire à l'esprit démocratique. Par contre, il n'est rien à quoi les esprits éclairés doivent s'appliquer avec une plus persévérante volonté.

Le Play nous a retracé les efforts désespérés des anciennes et bonnes familles cherchant, par toutes sortes de moyens, à conserver le bien patrimonial. Ces efforts sont moindres aujourd'hui, parce que la tyrannie du Code s'impose de plus en plus. Cependant, en l'année 1865, M. Larsonnier, membre de la Chambre de commerce de Paris, et cent trente et un grands manufacturiers ou commerçants de la capitale, adressèrent au Sénat une pétition, dont nous détachons le passage suivant : « Nous croyons que l'influence de la loi actuelle sera fatale au développement industriel et commercial de la France... Rien n'est plus propre à paralyser les forces de la France que l'éparpillement indéfini de ses forces productives sous l'action dissolvante de nos lois de succession ».

Les Chambres de commerce de Paris, de Roubaix, de Bordeaux et de plusieurs autres villes, ont fait entendre des plaintes semblables. « Les lois anglaises, dit la Chambre de Roubaix, diffèrent essentiellement des nôtres. Le droit de tester offre les résultats suivants : famille plus nombreuse; pas d'hésitation pour fonder un établissement, il ne sera pas divisé; obligation pour les jeunes gens n'ayant qu'une part minime dans l'avoir paternel de chercher fortune, et, pour y arriver, ils vont à l'étranger tenir les comptoirs de leurs frères, patrons ou étrangers ».

L'enquête agricole de 1869 est pleine des doléances de nos agriculteurs, sur l'infériorité à laquelle les condamne notre régime de succession. Une importante réunion de jurisconsultes a formulé en 1883, au congrès de Nantes, la conclusion de ses études en ces termes :

« La loi civile doit à la famille et à l'autorité paternelle qui la gouverne une protection efficace à ce qui est indispensable à la permanence des institutions domestiques. Les jurisconsultes catholiques demandent que la législation assure, ou tout au moins et en attendant mieux, favorise la transmission intégrale du foyer et l'extension de la quotité disponible, au taux proposé dès 1803 par les conseilleurs d'Etats élevés dans les pays à famille-souche ».

L'opinion commence donc à entrevoir les tristes effets de l'une des plus dangereuses aberrations des hommes de la Terreur (1). Des projets de loi furent préparés pour conjurer le mal que Robespierre, Pétion, Tronchet et les autres légistes de la Révolution, ont fait à la famille française et à la nation elle-même. Mais ces projets ont été emportés comme bien d'autres choses par les événements de 1870 (2).

Loin d'y revenir, le régime actuel a considérablement aggravé les difficultés déjà existantes pour maintenir dans les familles le bien qui les aide à se perpétuer.

Si les démocrates chrétiens avaient employé leur zèle pour le bien du peuple, à éclairer l'opinion sur cette question, dont les conséquences morales, économiques, politiques et socia-

---

1. Le partage forcé appartient à la plus sinistre époque de la Révolution. Il fut promulgué le 7 mars 1793, avec le but avoué de détruire, dans la famille, l'autorité paternelle, et dans le pays, tout esprit de tradition.

Voir le *Moniteur* à cette date. Jamais on n'a vu chez un peuple civilisé, des intérêts aussi grands tranchés par d'aussi faibles raisons que celles qui furent données pour détruire des institutions datant de vingt siècles.

2. Voir sur cette question : *Les lois de succession appréciées dans leurs effets économiques par les Chambres de commerce de France*, par le Cte de Butenval, ancien ministre plénipotentiaire, ancien conseiller d'Etat. — Paris, au Secrétariat des Unions de la paix sociale.

les sont si graves, ils eussent assurément fait œuvre meilleure qu'à pousser le peuple à exiger des salaires impossibles et qui d'ailleurs en augmentant ne font que produire une misère toujours plus grande, s'ils ne sont accompagnés d'une augmentation correspondante de moralité.

« Les classes nombreuses qui vivent d'un salaire journalier sont intéressés, dit M. Le Play, à l'avènement du régime de la liberté testamentaire, encore plus que celles qui trouvent sur leur propre domaine tous leurs moyens de travail. Ceux qui, après cette réforme, acquerraient par l'épargne le foyer domestique et les autres biens situés aux premiers échelons de la propriété, ne seraient plus découragés, comme ils le sont aujourd'hui, par la perspective des liquidations qu'impose le partage forcé. L'ouvrier laborieux et économe serait assuré de lier à la possession de ses biens l'émancipation de sa postérité : il serait donc plus ardent à les conquérir par le travail et la vertu. Sous les mêmes influences, les générations successives resteraient en général au niveau atteint par le fondateur du foyer, quand elles ne s'élèveraient pas plus haut en joignant à ce foyer quelques nouvelles dépendances ».

Plusieurs désirant fixer le petit propriétaire et ses enfants ont proposé de constituer, comme on fit jadis en Amérique sous le nom de *Homestead*, un bien de famille qu'une loi rendrait insaisissable. Décréter l'insaisissabilité serait ôter ou diminuer chez l'ouvrier propriétaire de sa maison, ou le paysan propriétaire de son champ, la conscience de sa responsabilité, et par là amoindrir la vertu nécessaire pour fonder une famille. De plus, le premier effet de la déclaration d'insaisissabilité serait de détruire le crédit du père de famille. Il ne trouvera plus un marchand de bestiaux pour lui vendre une vache à crédit, plus un maçon pour réparer sa maison s'il ne le paye d'avance. La loi empêchera le cultivateur d'emprunter de l'argent, ce qui pourrait être excellent; mais elle le mettra dans l'impossibilité de se procurer des instruments de travail ou quelque bétail que ce soit entre deux récoltes.

La belle affaire pour un paysan de conserver un toit, un foyer familial, s'il n'a aucune ressource pour y vivre; une terre, s'il n'a pas les moyens de la mettre en valeur!

C'est dans l'âme et non dans la loi qu'il faut mettre le ressort qui donne aux familles l'énergie nécessaire pour s'élever socialement. On ne doit demander à la loi que de lever les obstacles qui empêchent ce ressort de fonctionner.

Tout en permettant à l'ouvrier de fonder un foyer, la réforme du code en ce sens permettrait aussi aux familles bourgeoises de grandir, de s'élever sur leur propre bien. Mais, comme l'observe M. Le Play, là se trouve l'objection qui, dans l'esprit des démocrates, s'élève contre elle. C'est qu'elle profiterait aux riches comme aux ouvriers, c'est qu'elle favoriserait le rétablissement de la hiérarchie dans la société.

Faut-il maintenant dire les conséquences funestes, tant au point de vue moral qu'au point de vue national, qu'entraîne après elle la loi du partage forcé?

Les familles n'ont plus d'avenir. « Aucune nation européenne, dit Le Play, ne présente le lamentable spectacle de la liquidation perpétuelle qu'opère le partage forcé des héritages ».

Ne voyant plus l'avenir devant elles, les familles ne songent plus qu'à jouir du présent.

Le 21 janvier 1903, le tribunal de Lisieux, ayant à juger une affaire scandaleuse, déclara l'action mal fondée par ces considérants : « *Dans l'état actuel de nos mœurs*, la définition du mariage, telle que la donnait Portalis, apparaît aujourd'hui *comme lointaine*. Dans un grand nombre de cas, l'union de l'homme et de la femme *n'est plus déterminée par cette affection réciproque que, en 1855, le conseiller Laborie proclamait l'essence du mariage;* l'homme NE CHERCHE PLUS, *dans la femme qu'il épouse*, LA COMPAGNE FIDÈLE ET DÉVOUÉE *de son existence*, et la femme, qui sans cesse aspire vers une émancipation plus complète et tend de jour en jour à devenir l'égale de l'homme, NE VOIT PLUS, *dans l'époux qu'elle accepte, un protecteur, un soutien naturel*, LE CHEF D'UNE FAMILLE A FONDER; *bien différentes sont les préoccupations*, et beaucoup d'unions *ne sont plus basées aujourd'hui que sur l'intérêt; en un mot, le mariage est devenue* UNE AFFAIRE... »

On devait nécessairement en venir là, du moment où les époux sont des déracinés, n'ayant point d'ancêtres, ne devant point avoir de postérité.

Non seulement les époux n'ont plus ni attachement, ni respect, ni affections réciproques, mais l'autorité paternelle n'existe plus. L'enfant sait de bonne heure que son père est désarmé; que c'est la loi, c'est-à-dire l'Etat, qui lui attribuera sa part dans l'héritage, qu'il peut s'affranchir sans risque de l'autorité paternelle, qu'il peut ne vivre que pour lui-même, se livrer à tous les désordres, dissiper par avance l'héritage et le livrer à des usuriers que la réserve lui fait facilement trouver.

Il en va tout autrement en Angleterre et en Amérique.

C'est avec stupeur disait la *Réforme sociale*, en 1893, qu'on aura lu en France les dispositions du testament de M. Blaine, l'illustre homme d'Etat américain. Une clause de cet acte laisse 250 francs à chacune de ses filles et 125 francs à chacun de ses garçons. La fortune du défunt s'élève à 4 ou 5 millions de francs : c'est la veuve qui reçoit toute la fortune.

Le premier moment d'étonnement passé, ne pourrait-on convenir qu'il est intéressant de voir les enfants d'un homme aussi riche obligés de travailler pour vivre et pour se faire une situation? N'est-ce pas un spectacle autrement moral que celui que nous présentent nos jeunes gens riches, voués à l'oisiveté par l'assurance où ils sont que la succession paternelle ne leur échappera pas? ou encore celui de nos coureurs de dot, pour qui le mariage n'est pas du tout l'union de deux cœurs assortis ou le choix d'une femme la mieux douée au moral et au physique, mais uniquement la conquête d'une belle liasse de billets de banques.

Dans l'Amérique du Nord, les filles, n'ayant pas de dot, sont recherchées pour leurs qualités seules; et les fils, ne comptant pas sur la fortune paternelle, travaillent. Chaque génération doit se tirer d'affaire elle-même : telle est la maxime mise en pratique en Angleterre aussi bien qu'en Amérique.

Le code français ne peut cependant arriver à détruire l'instinct de la perpétuité qui est au fond de la nature humaine. De là, la stérilité systématique des mariages, afin de pouvoir transmettre intact, à un héritier unique, le domaine, la maison de commerce, l'usine. La place qu'occupait l'aîné dans l'ancienne société, est prise par le fils unique dans la société nouvelle. Le désir de maintenir le bien de famille est resté le même que sous l'ancien droit, il n'y a que les moyens qui diffèrent pour le garder. Mais les moyens employés aujourd'hui sont aussi désastreux qu'immoraux. La famille ne tarde pas à s'éteindre, faute d'héritier parvenant à l'âge viril, ou plus promptement encore par l'inconduite du jeune homme, gâté dès son enfance par la sollicitude exagérée des parents qui ne redoutent rien tant que de le perdre.

« Si des lois ont pour effet, dit M. Paul Leroy-Beaulieu, de pousser la plus grande partie de la nation à n'avoir qu'un enfant par famille, il faut avouer que ces lois, pour sacro-saintes qu'on les tienne, non seulement outragent la morale, mais encore conspirent contre la grandeur nationale. » En 1815, les Prussiens trouvaient que les alliés faisaient aux Français un sort trop doux : « Rassurez-vous, dit le plénipotentiaire anglais, lord Castebreagh, la France a son régime successoral, il l'amoindrira plus que nous ne saurions le faire ».

La prophétie se réalise. Un député au Reichtag allemand le constatait en 1889. Il affirmait que, dans vingt ans, la France, par la seule infériorité des naissances, se trouverait *à jamais* empêchée de reprendre son rang dans le monde.

CHAPITRE IX

FAMILLES TRADITIONNELLES

Interroga generationem pristinam, et diligenter investiga patrum memoriam :
Hesterni quippe sumus, et ignoramus, quoniam sicut umbra dies nostri sunt super terram.
Et ipsi docebunt te, loquentur tibi, et de corde suo proferent eloquia :
Numquid vivere potest scirpus absque humore ?
aut crescere carectum sine aqua ?

Job, VIII, 8-11.

Rendre aux pères de famille la liberté de reconstituer un patrimoine, bien de famille, transmissible de génération en génération, n'est que la moitié de la tâche à accomplir pour recouvrir de nouveau le sol français de vraies familles au sens entier du mot. La seconde tâche est d'y faire renaître des traditions. La première n'est en notre pouvoir qu'indirectement, par le législateur; la seconde peut et doit être l'œuvre de chacun dans sa propre maison. On ne peut espérer que d'un grand mouvement d'opinion l'abolition des lois révolutionnaires. Mais ce que chacun peut faire, c'est de raviver chez lui l'esprit de famille. Par là, il fera aux siens le plus grand bien qu'il puisse leur faire, et en même temps il préparera la rénovation de la société. Car il faut des traditions sous les lois, pour qu'elles aient la force que leur donne l'assentiment du cœur, comme il faut l'éducation familiale sous les traditions pour les soutenir, les maintenir, en faire le principe des mœurs, sans lesquelles les bonnes lois ne sont rien, contre lesquelles les mauvaises lois ne peuvent point tout.

Il y a quarante ans, le 15 novembre 1871, M. Emile Montégut écrivait dans la *Revue des Deux-Mondes :* « Tant qu'un vestige de tradition a uni la France nouvelle à la France ancienne, les conséquences de la Révolution n'ont pu se faire jour. Mais lorsque la roue du temps a eu assez tourné pour qu'il ne subsistât aucun débris de ce qui fut, l'heure de la logique a sonné; et les générations contemporaines, élevées dans une société où la révolution seule est debout, écoutent sans étonnement des paroles qui, trente ans plus tôt, les auraient remplis d'erreur et d'effroi ».

Depuis 1871, la roue du temps a développé quarante nouvelles années, pendant lesquelles l'esprit révolutionnaire a achevé de broyer les derniers débris des traditions de l'ancienne France. Et si, il y a quarante ans, on en était arrivé à entendre sans étonnement des paroles qui auparavant auraient rempli d'horreur et d'effroi, aujourd'hui on assiste impassible à des actes qui, dans l'antiquité païenne, eussent révolté les peuples les plus barbares. Sur toute l'étendue de la France, les écoles où l'on apprenait aux enfants à connaître, aimer et adorer Dieu, sont fermées par ce motif hautement déclaré par les gouvernants, qu'ils veulent une société où il n'y aura plus que des athées.

D'où vient cette impassibilité? De ce qu'il n'y a plus dans les esprits d'idées fixes, de principes solidement ancrés dans les âmes, mais seulement des idées vagues et flottantes incapables de mettre l'énergie dans les cœurs. Et pourquoi, de nos jours, les idées flottent-elles ainsi? Parce que les idées-mères, les idées-principes n'ont point été imprimées dans les âmes des enfants par des parents qui en auraient été eux-mêmes tout pétris par les enseignements d'aïeuls, imbus déjà de ces vérités par leurs ancêtres. En un mot, parce qu'il n'y a plus de traditions dans les familles.

Il y avait autrefois, et cela partout, une idée presque religieuse attachée à ce mot « traditions de famille » entendu dans sa haute signification, en tant que désignant l'héritage des vérités et des vertus, au sein desquelles se sont formés les caractères qui ont fait la durée et la grandeur de la maison.

Aujourd'hui, ce mot ne dit plus rien aux nouvelles générations qui arrivent à la vie. Elles apparaissent un jour pour disparaître le lendemain, sans avoir reçu et sans laisser après elles cette source de souvenirs et d'affections, de principes et de coutumes qui autrefois allaient de pères en fils, et faisaient arriver les familles qui y étaient fidèles au-dessus de celles qui les méprisaient. Toute famille qui a des traditions les doit, généralement parlant, à l'un de ses ancêtres chez qui le sentiment du bien a été plus puissant que dans le commun des hommes et à qui la sagesse et la volonté ont été données pour l'inculquer aux siens.

« La vérité est un bien, dit Aristote, et une famille dans laquelle les hommes vertueux se succèdent est une famille d'hommes de bien. Cette succession de vertus a lieu quand la famille remonte à une origine bonne et honnête; car tel est le propre d'un principe qu'il produit beaucoup de choses semblables à lui-même; c'est en quelque sorte son ouvrage de former son semblable. Quand donc il existe dans une famille un homme si attaché au bien que sa bonté se communique à ses descendants pendant plusieurs générations, il suit nécessairement que c'est une famille vertueuse » (1).

Tout homme qui veut fonder une « famille vertueuse » doit d'abord se persuader que son devoir ne se borne point, comme le veut J.-J. Rousseau, à pourvoir aux besoins physiques de son enfant, si longtemps que celui-ci est dans l'impuissance d'entretenir par lui-même sa vie corporelle. Il lui doit l'éducation intellectuelle, morale et religieuse. L'animal a la force par laquelle il subvient aux besoins corporels de ses petits, et cela leur suffit. L'enfant, être moral,

1. Fragment conservé par Stobée.

a d'autres besoins et c'est pourquoi, outre la force, Dieu a donné au père de famille l'autorité pour dresser la volonté de ses enfants, les faire entrer dans la voie du bien, les y maintenir et les y faire progresser. Cette autorité, Dieu l'a voulue permanente, parce que le progrès moral est l'œuvre de toute la vie. Et comme, selon les intentions de la Providence, le progrès doit se développer et croître d'âge en âge, il est nécessaire que la famille humaine ne s'éteigne point à chaque génération : le lien familial doit subsister entre morts et vivants, nouer les unes aux autres toutes les filiations d'une même descendance, et cela, chez les races vigoureuses durant des siècles.

La pensée de l'homme de bien ne doit donc point s'arrêter à ses propres enfants, elle doit se porter au delà, sur les générations qui suivront et faire que ce qui est vertu devienne tradition chez elles.

A cela, le Livre de raison peut contribuer grandement. Commencer ce livre, ordonner à l'aîné de le continuer et de faire la même injonction à son propre fils, est le moyen le plus facile et le plus sûr d'introduire dans une famille des traditions; à une condition cependant, c'est que l'on aura pour règle inviolable de ne prendre d'alliances que dans les familles où règnent les vertus que l'on veut soi-même transmettre à ses propres enfants.

« S'allier à une famille, dit Lacordaire, c'est s'allier à des bénédictions ou à des malédictions.

et la dot véritable n'est point celle que l'officier public constate sur le papier. La dot véritable, Dieu seul la connaît, mais à un certain degré, par la mémoire des hommes vous pouvez la connaître aussi. Demandez-vous si le sang qui va se mêler au vôtre contient les traditions de vertus humaines et divines et s'il s'est longtemps purifié dans les sacrifices du devoir. Demandez-vous si l'âme est riche de Dieu. Remontez aussi haut que possible dans son histoire héréditaire, afin que, tous les rameaux en étant explorés, comme une mine en arrière de vous, vous sachiez ce que pèse devant Dieu cette génération qui vous était étrangère et qui va se joindre à la vôtre pour n'en faire qu'une seule à votre postérité. »

M. Charles de Ribbe a employé le meilleur de sa vie à remettre en honneur les Livres de raison. Après avoir édité les manuscrits de plusieurs anciennes familles, il a publié divers ouvrages pour mettre en pleine lumière les enseignements qui s'y trouvent, et enfin il a rédigé, d'après les modèles qu'il avait sous les yeux, *Le Livre de Famille*, pour servir d'exemplaire et aider ainsi les pères qui voudraient mettre en pratique chez eux ce qui a été pratiqué par nos ancêtres. Nous ne saurions trop recommander l'acquisition, la lecture et la méditation de ce livre; il en est peu qui puissent autant contribuer à imprimer à notre société dégénérée une nouvelle impulsion vers le bien.

Nous ne ferons ici que donner quelques indications.

Le Livre de raison est ainsi appelé, parce que l'on y rend raison à ses enfants et aux enfants de ses enfants, dans les générations à venir, de la position de la famille, de ses antécédents, de ses travaux, des idées et des sentiments qui l'ont guidée dans le chemin de la vie, et des coutumes qui doivent assurer la transmission des mêmes sentiments et des mêmes vertus. Il est le lien moral entre les générations, dont les anneaux, grâce à lui, se lient étroitement dans une communauté d'idées et de sentiments.

Il doit être divisé en trois parties, répondant aux trois phases de l'existence de la famille. Le passé, c'est la généalogie et l'histoire de la souche domestique. Le présent, c'est le ménage actuel. L'avenir, ce sont les enseignements laissés par les parents et les ancêtres à leurs enfants et petits-enfants. Le Livre de raison bien tenu contient ainsi en résumé tout ce qui moralement et matériellement constitue la famille.

Et d'abord la généalogie : « Que nos enfants, dit André Lefèvre d'Ormessan que nous avons déjà cité, connaissent ceux desquels ils sont descendus de père et de mère. » Pourquoi principalement cette connaissance? « Afin qu'ils soient incités à prier Dieu pour leurs âmes et à bénir la mémoire de ceux qui, avec la grâce de Dieu, ont fait honneur à leur maison et acquis les biens dont leurs descendants jouissent, et qui passeront aux autres générations, s'il plaît à la bonté de mon Créateur d'y donner sa bénédiction, comme je l'en supplie de tout cœur. » En d'autres termes, la généalogie de la famille est la condition première pour créer et maintenir l'esprit de famille.

Autant que possible, une courte note doit être ajoutée à chaque nom. Toute famille doit tendre à avoir une histoire. Le livre de raison est le gardien de cette histoire. Les Livres de raison qui ont été publiés en ces derniers temps, nous montrent, dans ces courtes notices, comment nombre de familles modestes ont pu, par la puissance des mœurs, se perpétuer pendant plusieurs siècles dans le même pays avec les mêmes vertus.

Après la généalogie, vient le journal. Là s'enregistrent successivement les actes importants de la famille : naissances, mariages, décès, avec les renseignements que chacun de ces faits comporte. Le livre terrier qui reçoit copie des titres de propriété. Le livre des comptes et d'affaires. L'exposé des méthodes de travail, qui donne le moyen d'améliorer le sort de la famille par une expérience domestique toujours plus sûre. Tout cela fait ressortir aux yeux des enfants la fidélité que leurs parents ont apportée à l'accomplissement de leurs devoirs d'état, et les incite à maintenir, plus tard, dans l'éducation de leurs propres fils et filles, les bonnes coutumes domestiques dont ils ont été témoins et dont le Livre de raison garde et transmet le souvenir.

Les enseignements ne forment que par exception une partie distincte. Le plus souvent, des idées, des réflexions morales prennent place à côté de la mention des actes : des observations et des recommandations suivent l'exposé des événements. On tire des faits l'occasion de dire aux enfants : Voilà le vrai, voilà le bien. Evitez telle erreur. Prenez garde à telle faute. Ces avis, formulés le plus souvent en des paroles tirées de la sainte Ecriture, sont courts. On estime que, par là, ils se gravent mieux dans l'esprit, entrent plus avant dans les cœurs. « Je voudrais, dit Antoine de Couston, appeler ce livre : La sagesse de la famille. Il faut qu'il se continue d'âge en âge, qu'il soit le dépositaire de nos succès comme de nos erreurs, en sorte que, en faisant tourner au profit de ceux qui viendront le bien et le mal de ceux qui existent, il lie toutes les générations les unes aux autres et n'en fasse qu'une famille toujours vivante, toujours animée du même esprit. Autrement, les générations se succèdent en roulant toujours dans le même cercle d'ignorance et d'erreurs ».

Joubert exprimait bien la situation morale qui résulte du manque d'enseignements traditionnels et qui est devenue la nôtre : « Peu d'idées fixes et beaucoup d'idées errantes, des sentiments très vifs et point de sentiments constants, l'incrédulité aux devoirs et la confiance aux nouveautés, des esprits décidés et des opinions flottantes, l'assertion au milieu du doute, la confiance en soi-même et la défiance d'autrui, la science des folles doctrines et l'ignorance des opinions des sages : tels sont les maux du siècle. La coutume étant détruite, chacun se fait des habitudes et des manières selon son naturel. Déplorables époques que celles où chaque homme pèse tout à son propre poids, et marche, comme dit la Bible, à la lumière de sa lampe » (1).

C'est bien là que nous en sommes. Il y avait autrefois, dans chaque maison, un caractère propre qui la distinguait, et en vertu duquel on pouvait dire : On reconnaît là un membre de telle famille. Ce caractère avait été formé par les ancêtres et maintenu par la tradition. Cela n'existe plus, et en voici la conséquence : tant qu'ont vécu quelques-uns des représentants des anciennes générations, il y avait toujours une lueur qui éclairait la vie. Mais, à mesure qu'ont disparu les vieillards dont l'éducation fut faite de traditions, les jeunes gens se sont trouvés en présence d'une table rase. Il ne leur reste rien sur les grandes vérités qui constituent la famille et sur celles qui constituent la société. Ces jeunes gens deviennent pères de famille au milieu de l'invasion d'un luxe inouï et cela sous le coup de révolutions menaçantes, qui achèvent de dé-

1. *Pensées de Joubert*. Livre XVI.

truire au cœur du pays les dernières forces de la vie.

Après les désordres du XVIe siècle, une multitude de pères modèles s'efforcèrent, dans leurs foyers, de défendre leurs enfants et leurs serviteurs contre la contagion du mal. C'est de cette époque que datent les meilleurs Livres de raison. Ils furent les guides et les soutiens des nobles familles qui illustrèrent l'époque de Henri IV et de Louis XIII.

Puisse-t-il en être ainsi de nos jours! Il n'est pas téméraire de l'espérer. En différentes classes de la société, on recommence à comprendre l'utilité, la nécessité des traditions.

Au lendemain de la mort de son père, l'ancien rédacteur du *Petit Journal*, M. Ernest Judet, publia en tête de l'*Eclair* ces fortes paroles :

« Je n'ai jamais si bien compris la puissance de » la tradition, la leçon de l'hérédité, la charge » qu'un être lègue à un être issu de lui, et la » responsabilité de notre développement confor» me à l'esprit de ceux qui nous ont déjà formés » en nous créant! »

On sait l'impression profonde qu'a produite sur le public l'*Etape* de Paul Bourget. Lemaître, Drumont, Soury, Barrès, Charles Maurras, etc., etc., font campagne dans le même sens.

M. Charles de Ribbe, qui a consacré la meilleure partie de sa vie à rechercher, à étudier et à éditer les traditions familiales de l'ancienne France, en tire cette conclusion : « Fort des témoignages on ne peut plus probants et décisifs, qui nous sont fournis par l'histoire des foyers modèles, nous affirmons que, toujours et partout, la plus grande somme de biens réels et solides a été possédée *d'une manière stable* par les familles qui ont marché dans les voies tracées par Dieu lui-même (voies rappelées à chaque génération par les Livres de raison); que ces familles *seules*, après s'être élevées à la prospérité par le travail et par l'épargne, ont réussi, *par la vertu, la puissance d'éducation sérieusement chrétienne*, à triompher du vice et des causes fatales de chute que la prospérité acquise ne tarde pas à provoquer ».

Dans un livre intitulé : *Quelques réflexions sur les lois sociales*, M. le duc d'Harcourt a fait une observation sur laquelle l'attention des familles ne saurait trop être arrêtée. Parlant des sentiments intimes de la classe aristocratique du XVIIIe siècle, il dit : « Nous savons que l'irréligion y était en grand honneur. On y raillait les dogmes, *on tournait les traditions en ridicule.* De nos jours, au contraire, les représentants de ces mêmes familles sont en général religieux. » Il demande comment ce changement s'est produit. « A-t-on vu à la fin du siècle dernier des individus en grand nombre qui, par haine de la Révolution, auraient changé de sentiments? Non. Ce ne sont pas davantage les enfants élevés par des esprits forts qui ont eu spontanément de pieux sentiments tout opposés à ceux de leurs parents; on a pu le voir, mais bien rarement. Cette transformation s'explique tout naturellement par *la* SUPPRESSION PRESQUE COMPLÈTE *de la descendance sceptique du dernier siècle.* BEAUCOUP DE NOUS SONT ÉTEINTS; *et pour les autres ils se sont perpétués soit par la minorité qui à la Cour, même avait échappé à la contagion, soit par des collatéraux obscurs perdus dans le fond des provinces qui y avaient* CONSERVÉ AVEC LES ANCIENNES TRADITIONS, *les idées religieuses sans lesquelles les familles ne se perpétuent point* ».

Puisse ce mémorable exemple persuader aux familles qui veulent se perpétuer de rétablir chez elles les traditions qui avaient fait l'ancienne aristocratie! Et pour cela, que l'on reprenne partout, dans les familles chrétiennes, l'usage des Livres de raison. Ils ont été en faveur, non seulement en France, mais en Italie, en Suisse, en Hollande, en Allemagne, en Pologne, etc. On en découvre des traces à peu près partout, même en Orient, sous des formes diverses. Une institution née spontanément en tant de pays si divers, ne peut être qu'une institution inspirée par la nature même, ou plutôt par l'Auteur de notre nature. L'avoir abandonnée, nous aura été extrêmement funeste; la reprendre ne nous serait pas moins favorable.

CHAPITRE X

AUTORITÉ DU PÈRE. — SAINTETÉ DE LA MÈRE CULTE DES ANCÊTRES

Quis filius quem non corripit pater ?
AD HÆBR. XII, 7.

Supra modum mater mirabilis, et bonorum memoria digna, singulos filios hortabatur, repleta sapientia.
II MACH., VII, 20.

Qui timet Dominum honorat parentes.
ECCLI., III, 8.

La permanence du foyer familial et la tenue du Livre de raison, ne sont pour ainsi dire que les soutiens extérieurs de la famille. Ce qui en est l'âme, le principe de vie, c'est l'autorité du père, la sainteté de la mère et le culte des ancêtres.

On sait combien était absolue l'autorité du père de famille à Athènes et à Rome. Nous l'avons dit, le père, chez les siens, était roi, il avait de la royauté la dignité et la puissance, et cette puissance allait jusqu'à contenir le droit de vie et de mort.

Chez nous, le père n'a jamais pu prononcer sur ses enfants la peine capitale, mais il était leur premier juge. Au XVIIIe siècle encore, le père conserve le droit de priver son fils de la liberté, celui-ci fût-il majeur, fût-il marié, et le souverain n'hésite pas à mettre sa puissance à la disposition du père justicier. C'est l'histoire des lettres de cachet. Ce droit était admis par tous, même par ceux qui en souffraient. L'autorité paternelle était considérée comme étant d'une essence supérieure aux autres, et c'est pourquoi elle était si profondément respectée. « Le prince commande aux sujets, dit Jean Bodin, dans le livre où il expose les principes de toute société (1), le maître au disciple, le capitaine aux soldats... Mais de tous ceux-là il n'y en a pas un à qui la nature donne aucun pouvoir de commander, hormis au père, qui est la vraie image du grand Dieu souverain, père universel de toutes choses ». Images de Dieu sur la terre, c'est bien l'idée que les enfants se faisaient de leurs parents. Nous trouvons partout des pensées semblables à celle-ci, qui est d'Etienne Pasquier : « Nous devons tenir nos pères comme des dieux en terre, qui ne nous sont pas seulement donnés pour nous moyenner la vie, mais pour nous béatifier par une bonne nourriture et une sage instruction ».

Saint François de Sales, écrivant à l'une de ses nièces, dit de même : « Vous voilà donc auprès de Monsieur votre père, que vous regardez comme une image du Père éternel; car c'est en cette qualité que nous devons honneur

1. *Les Six Livres de la République*, ch. IV.

et révérence à ceux desquels il s'est servi pour nous produire ».

Une autorité de caractère si religieux inspirait le respect et rendait facile l'obéissance, elle stimulait le dévouement à la famille et maintenait la concorde entre les enfants.

Ebranlée au XVIIIe siècle par la corruption des mœurs, l'autorité paternelle fut quasi-détruite par la Convention.

Du moment où les hommes imbus de l'esprit de Jean-Jacques Rousseau qui veut que l'individu et non la famille soit l'unité sociale, eurent en mains le pouvoir législatif, ils s'empressèrent d'abolir la puissance paternelle à l'égard des majeurs de vingt et un ans et de l'énerver vis-à-vis des enfants plus jeunes. « La voix impérieuse de la raison, proclamait l'un de ces législateurs, s'est fait entendre. Il n'y a plus de puissance paternelle. Un homme ne saurait avoir de pouvoirs directs sur un autre, fût-ce son fils » (1). A un siècle de distance nous avons entendu des paroles équivalentes à la tribune, lors de la discussion des lois sur la liberté de l'enseignement. Le socialisme lorsqu'il sera au pouvoir fera, de ces propos, des lois. M. Benoît Malon, dans son livre : *Le socialisme intégral*, dit : « *L'important est d'abolir radicalement l'autorité du père* et sa puissance quasi-royale dans la famille. *L'égalité ne sera, en effet, parfaite qu'à cette condition. Les enfants*

1. Cambacérès. *Moniteur* du 23 août 1793.

ne sont-ils pas autant que les parents? Pourquoi les commander? DE QUEL DROIT? PLUS D'OBÉISSANCE, SANS QUOI PLUS D'ÉGALITÉ! »

Déjà, le père est devant ses enfants dans la situation où serait devant ses sujets le souverain privé des moyens de réprimer la rébellion. La littérature agit dans le même sens que la loi, elle combat sans relâche la vieillesse et l'âge mûr par des assertions que dément la raison. L'école elle-même, par les connaissances qu'elle donne dans l'ordre des choses matérielles, persuade aux enfants qu'ils ont une véritable supériorité sur leurs parents qui les ignorent et leur fait prendre une sorte de suprématie dans la famille.

Aussi, l'autorité paternelle n'est plus que l'ombre de ce qu'elle était avant la Révolution. M. de Tocqueville en augurait bien pour la société domestique : « Je pense, dit-il, qu'à mesure que les lois et les mœurs deviendront plus démocratiques, les rapports du père et du fils deviendront plus intimes et plus doux; la règle et l'autorité s'y montrant moins, la confiance et l'affection y sont plus grandes, et il me semble que le lien naturel se resserre tandis que le lien social se dénoue » (1).

Les faits sont contraires à ces prévisions, que la raison d'ailleurs ne pouvait admettre. Tous déplorent aujourd'hui la rupture des liens familiaux et ses suites qui sont : la disparition du respect et de l'obéissance chez les jeunes

1. T. II, 3e partie, chap. VIII.

gens, leur émancipation, et comme conséquence, une corruption extrême des mœurs privées et des mœurs publiques; enfin la déchéance de la race et la société française mise en péril. Chez les classes inférieures, le mal se révèle avec cynisme. M. Le Play, dans son livre : *L'organisation du travail*, apporte en témoignage les tableaux navrants tracés par M. M. Pénart, dans son discours de rentrée à la cour de Douai en 1865, par M. Bougeau dans son discours au Sénat, 23 mars 1861, et par M. Legouvé : *Les Pères et les Enfants au XIXe Siècle.* Combien le mal s'est encore aggravé dans la dernière moitié du siècle! Dans les classes supérieures, les apparences sont mieux gardées, mais la réalité n'est pas meilleure. Forte de son droit à l'héritage, la jeunesse se révolte souvent contre la discipline du foyer; elle prétend jouir dans l'oisiveté et la débauche de la richesse créée par le travail des aïeux.

Il est donc souverainement urgent de restaurer l'autorité paternelle. Aucune n'a de titres plus légitimes, aucune n'est plus nécessaire.

Le pouvoir du père est celui qui, dans l'ordre naturel, offre au plus haut degré les caractères d'une institution divine. Il se classe audessus de celui du souverain dont le rôle se borne à diriger une société sur laquelle il ne peut revendiquer des droits qu'il tiendrait de la nature : tandis que l'autorité attribuée au père est une conséquence légitime de cette dignité naturelle, qui est de continuer l'œuvre de la création en reproduisant des êtres qui ont le sentiment de l'ordre moral, et qui peuvent être élevés à la connaissance et à l'amour de Dieu.

Revêtue d'une légitimité si haute, cette autorité s'impose par la nécessité d'assurer l'existence de la femme et des enfants, impuissants à se conserver eux-mên ». Elle s'impose à l'amour paternel, la plus durable et la moins égoïste des affections humaines, car le père sent bien que, sans elle, il lui est impossible d'éduquer des enfants qui portent au cœur le vice originel. Elle s'impose enfin par le service qu'elle rend à la société, en recueillant et en transmettant par l'éducation le trésor de vérités morales et d'expériences amassé par les siècles. Aussi, l'autorité paternelle a été partout, si ce n'est chez nous à l'heure présente, considérée comme l'une des bases de l'ordre social, nécessaire à toutes les races et à tous les temps, comme l'un des éléments invariables de la constitution sociale.

M. de Ribbe dit de M. Le Play que de toutes les auscultations auxquelles il s'était livré sur le corps social, de toutes les analyses qu'il avait faites des divers éléments qui constituent la société, il était ressorti à ses yeux, comme conclusions absolument démontrées par l'expérience, que si les sociétés sont à l'image des familles dont elles se composent, les familles sont ce que les font les autorités paternelles. « En rendant au père son autorité, nous restaurerons, disait-il, le ministre de Dieu dans l'ordre temporel. » « Plus nous avancerons, disait-il encore, plus nous constaterons qu'il faut rendre à la famille son autonomie. Nous ne pouvons évidemment constituer, aujourd'hui, que de mauvais gouvernements avec des hommes livrés à l'erreur. Notre salut ne peut venir que de la seule autorité qui, dans cet état d'erreur profonde, demeure, en vertu de la loi naturelle, dévouée à ses subordonnés. L'autorité paternelle accomplira ce qui est au-dessus des forces de toute autorité publique » (12 juillet 1871).

A l'autorité du père, doit se joindre la sainteté de la mère.

« Heureux l'homme à qui Dieu a donné une sainte mère! » a dit Lamartine (1). Il fut de ceux qui eurent ce bonheur, et il ne se lassa jamais de revenir sur la dette de reconnaissance

---

.1 Lamartine. *Harmonies poétiques.* III, 9. Malgré les écarts de son imagination. Lamartine garda toujours le souvenir de l'éducation chrétienne que lui avait donnée sa mère. Plus de deux ans avant sa mort, il s'agenouilla dans la semaine de Pâques à la Sainte Table à côté de sa mère. Comme le dit J. de Maistre : « Si la mère s'est fait un devoir d'imprimer profondément sur le front de son enfant le caractère divin, on peut être à peu près sûr que la main du vice ne l'effacera jamais entièrement. »

Le souvenir d'une sainte mère suit partout l'homme vertueux! Ozanam, parlant de sa mère, disait : « Quand je suis bon, quand j'ai fait quelque chose pour les pauvres qu'elle a tant aimés, quand je suis en repos avec Dieu qu'elle a si bien servi, je vois qu'elle me sourit de loin. Quelquefois, si je prie, je crois écouter sa prière qui accompagne la mienne, comme nous faisions ensemble, le soir au pied du crucifix. Enfin souvent, quand j'ai le bonheur de communier, lorsque le Sauveur vient me visiter, il me semble qu'elle le suit dans mon misérable cœur, comme tant de fois elle le suivit porté en viatique dans d'indigentes maisons. »

qu'il lui devait, « d'avoir épié jour à jour la pensée de cet enfant pour la tourner vers Dieu, comme on épie le ruisseau à sa source pour le diriger vers la prairie où l'on veut faire refleurir l'herbe nouvelle » (1).

Combien d'autres mères ont imprimé profondément, dans l'âme de leurs enfants, le respect, le culte, l'adoration de Dieu, dont elles étaient, pour eux, par la pureté de leur vie, la vivante image! « La mienne, dit encore le poète, avait la piété d'un ange. La beauté de ses traits et la sainteté de ses pensées luttaient ensemble pour s'accomplir l'une par l'autre » (2).

Mère, la femme chrétienne sanctifie l'homme enfant; fille, elle édifie l'homme père; sœur, elle améliore l'homme frère; épouse, elle sanctifie l'homme époux.

« Je veux faire de mon fils un saint », disait la mère de saint Athanase.

« Merci mille fois, mon Dieu! de nous avoir donné pour mère une sainte », s'écriaient à la mort de sainte Emélie, ses deux fils, saint Basile et saint Grégoire de Nazianze.

« O mon Dieu! je dois tout à ma mère », disait saint Augustin.

Dans sa reconnaissance de l'avoir si profondément imprégné de la doctrine du Christ, saint Grégoire-le-Grand fit peindre sa mère, Sylvie, à côté de lui, vêtue d'une robe blanche, avec la mître des docteurs, étendant deux doigts de la main droite, comme pour bénir et tenant de la

1 et 2. *Cours familier de littérature*, 1er entretien, page 9.

main gauche le livre des saints Evangiles sous les yeux de son fils.

Qui nous a donné saint Bernard, qui l'a fait si pur, si fort, si embrasé d'amour pour Dieu? Sa mère, Aleth.

Plus près de nous, Napoléon Ier a dit : « L'avenir d'un enfant est l'œuvre de sa mère ». Et Daniel Lesueur : « Lorsqu'on est quelqu'un, il est très rare qu'on ne le doive pas à sa mère ». Oh! mon père et ma mère qui avez vécu si modestement, a dit Pasteur, c'est à vous que je dois tout! Tes enthousiasmes, ma vaillante mère, tu les as fais passer en moi. Si j'ai toujours associé la grandeur de la science à la grandeur de la patrie, c'est que j'étais imprégné des sentiments que tu m'avais inspiré. A quelques-uns qui le félicitaient d'avoir eu de bonne heure le goût de la piété, le saint curé d'Ars, dit : « Après Dieu, c'est l'ouvrage de ma mère ».

Presque tous les saints ont fait remonter les origines de leur sainteté à leur mère.

Elles ont vu dans leur enfant, selon la belle pensée de Lamartine :

Un serviteur de plus pour servir le Grand-Maître,
Un œil, une raison de plus, pour le connaître,
Une langue de plus dans le chœur infini,
Par qui, de siècle en siècle, il doit être béni!

On peut ajouter : Les grands hommes eux aussi ont été faits par leur mère.

L'évêque Castulf, dans une lettre à Charlemagne, lui rappelle le souvenir de sa mère,

Berthe, et lui dit : « O roi, si Dieu tout-puissant vous a élevé en honneur et en gloire au-dessus de vos contemporains et de tous vos prédécesseurs, vous le devez surtout aux vertus de votre mère » (1).

« C'est sur les genoux de la mère, a dit J. de Maistre, que se forme ce qu'il y a de plus excellent dans le monde ».

Elle est au foyer ce flambeau resplendissant dont parle l'Evangile, répandant sur tous la lumière de la foi et les feux de la charité divine. A elle de faire vivre dans la famille la pensée de la souveraineté de Dieu, notre premier principe et notre dernière fin; celle de l'amour et de la reconnaissance que nous devons avoir pour son infinie bonté, la crainte de sa justice, l'esprit de religion qui nous unit à lui, la loi des chastes mœurs, de l'honnêteté des actes et de la sincérité des paroles, celle du dévouement et du support mutuel, celle du travail et de la tempérance.

Que de familles sont ainsi arrivées par les femmes au plus haut degré de considération et de prospérité, et aussi que de familles déchues ont été relevées par elles!

Au XVIe siècle, Louis de Gonzague était à la veille de faire faillite; sa femme Henriette de Clèves prend le gouvernement du foyer domestique et rétablit l'ordre dans le ménage. Une autre, Jeanne de Schomberg, sœur du second

1. Cartulf. *Instructio epistolaris ad Carolum regem*. Migne *Patrol. lat.* T. XCVI. c. 1363.

des maréchaux de ce nom, constatant la ruine de son mari : « Je verrai moy-même, dit-elle, et examineray toutes nos affaires avec soin, selon la capacité que Dieu me donnera pour cela, et avant d'y travailler, je feray une petite élévation de mon cœur au Saint-Esprit pour lui demander le don de conseil et de force afin d'agir en tout avec prudence et fermeté ». Sainte Jeanne de Chantal fut introduite par son mariage dans une maison « fort embrouillée d'affaires ». Elle commença, dès le lendemain même de ses noces, à réparer le mal. « Elle s'accoutuma à se lever de grand matin; elle avait déjà mis ordre au ménage et envoyé ses gens au labour quand son mari se levait... »

Toutes les conditions nous présentent des exemples semblables.

« Dans la famille ouvrière, dit M. Augustin Cochin, la figure dominante, c'est la femme, c'est la mère; tout dépend de sa vertu et finit par se modeler sur elle. Au mari, le travail et les gains du ménage; à la femme, les soins et la direction intérieure; le mari gagne, la femme épargne; le mari nourrit les enfants, la femme seule les élève; le mari est le chef de la famille, la femme en est le lien; le mari en est l'honneur, la femme la bénédiction ».

L'heureuse influence de la femme chrétienne s'étend bien au delà du foyer domestique.

« Dieu, dit M. le vicomte de Maumigny, a suscité chez nous ces nombreuses générations de pieuses femmes à qui nous devons notre caractère national, comme Rome doit le sien à ses grands pontifes. Il nous a donné les Clotilde et les Bathilde, les Radegonde et les Blanche, les Isabelle et les Jeanne, et, dans ces derniers siècles, de pieuses reines dignes d'elles. Les bergères rivalisent avec les princesses. La vierge de Nanterre et celle de Vaucouleurs, Germaine de Pibrac et Benoîte du Laus, toute une légion de saintes femmes de toute condition et de tout rang, font pénétrer partout la douce influence de Marie, leur modèle.

» Aussi, pendant que le salut de l'Italie vient, avant tout, de ses grands Pontifes, il nous vient surtout de l'apostolat des femmes. Au dernier siècle (XVIIIe), rois et magistrats, savants et pontifes même, sommeillaient; mais les femmes restaient héroïquement fidèles. Et quand les hommes disaient : « Je ne connais pas cet homme, son royaume n'est pas de ce monde! » les femmes suivaient sans bruit le Christ et son Vicaire jusque sur le Calvaire.

» Nous devons à nos mères et à nos sœurs le fond d'honneur et de dévouement chevaleresque qui est la vie de la France. Nous leur devons la foi catholique. Disciples de la Reine des apôtres et des martyrs, les femmes ont fait passer leur cœur dans le cœur de leurs fils.

» Les femmes en France sont l'âme de toutes les bonnes œuvres : du Denier de Saint-Pierre comme de la Propagation de la Foi; et c'est le souffle de leur mère et de leurs sœurs qui portait à Rome les défenseurs du Saint-Siège. Je connais plus d'un jeune homme qui serait dans les zouaves s'il eût suivi les secrets désirs de sa mère; je n'en connais pas un qu'une mère chrétienne ait arrêté (1). Le père pouvait faiblir, jamais la mère; jamais, ni avant, ni pendant, ni après. Un fils mutilé était son orgueil, et quand, devant le cadavre du martyr, Dieu disait au fond du cœur : Ton fils est avec moi, la reconnaissance étouffait sa douleur. Plus que le sang de son fils, elle aimait sa gloire.

» Marie, leur modèle, Marie avait appris à ces mères, comment on sacrifie un fils unique à Dieu et l'Eglise. « Non, disait Pie IX au récit » de ces immolations sublimes, la France, qui » produit de telles saintes, ne périra pas! »

» La première fois que l'héroïque veuve de Pimodan vit le Pape, elle ne lui dit pas : « Oh! Saint-Père, rendez-moi mon mari! » elle lui dit: « Oh! dites-moi qu'il est au ciel! » Et quand Pie IX a répondu : « Je ne prie plus pour lui, » elle ne demanda plus rien; car elle a compris qu'elle est veuve d'un martyr, et cela suffit.

» Les femmes sont l'âme de tout ce qui a remué la France et, par elle, le monde. A Castelfidardo, les zouaves combattaient sous les yeux de leurs mères, présentes à leur pensée, et sous les murs du sanctuaire où la Reine des martyrs engendra le Roi des martyrs. Tous, en marchant à l'ennemi, répétaient ce mot de l'un d'eux :

1. Ceci était écrit en 1862, lorsque les zouaves pontificaux versaient leur sang pour la défense du Saint-Siège.

« Mon âme à Dieu, mon cœur à ma mère, mon corps à Lorette. » A leurs mères, à Marie, qui les inspirait tous, revient l'honneur de la bataille. Comme jadis les chevaliers, comme plus tard les Vendéens, c'est sur les genoux de leurs mères qu'ils ont appris à mourir pour Dieu, l'Eglise et la patrie. »

Dans une belle étude, publiée dans la *Défense Sociale* du 16 avril au 1er août 1903, sous ce titre : *Le Progrès*, M. Favière constate que la civilisation moderne se rattache par ses origines à l'antiquité helléno-latine. « L'Evangile, dit-il, les différencie, mais il les unit à cause de leur affinité. Cette affinité vient de ce que la Grèce et Rome, contrairement à ce qui se passait en Orient, n'avaient pas exclu la femme de la vie sociale, de sorte que le génie féminin avait eu part dans le développement de leur civilisation, qui fut par là même plus apte que les civilisations de l'Orient, à recevoir la greffe évangélique ».

Les Germains, en s'établissant dans l'empire, y apportèrent le respect superstitieux qu'ils avaient pour la femme. L'Eglise purifia ce sentiment, réserva à la pureté des mœurs le premier rang dans l'estime des hommes, et ouvrant ainsi sur le monde tous les trésors du cœur et de l'intelligence de la femme, doubla les ressources et le champ d'action du progrès.

« C'est de la femme, dit M. Favière, que les nations chrétiennes ont reçu le don de la piété, c'est d'elles qu'elles tiennent cette faculté des émotions communicatives qui ébranlent les foules, des réveils soudains et irrésistibles qui soulèvent parfois les peuples au-dessus d'eux-mêmes, de leurs intérêts mercantiles et de leur repos, pour les précipiter dans la voie des aventures sublimes qui sont les grandes étapes de l'Humanité. Quel peuple le sait mieux que le nôtre? Ce n'est pas seulement par le cœur que la femme s'est associée à l'œuvre du progrès; ce n'est pas seulement par la chaleur et le mouvement qu'elle lui a communiqués, qu'elle a élevé la civilisation chrétienne au-dessus de ce que le monde avait vu; elle ne l'a pas moins bien servie par son intelligence. L'intelligence prompte et instinctive de la femme a, sur le monde moral, des vues dont l'intelligence masculine n'égale pas la pénétration... Elle cultive dans la famille le sens du bien, elle y donne l'intelligence des vérités premières, elle les enseigne par ses actes, par ses jugements, par les manifestations de son estime et de son blâme ».

Il est bien peu d'hommes parmi nous, depuis deux siècles, qui, même sans le vouloir, ne se laissent enlacer par la Révolution. Les femmes, au contraire, ont l'instinct de la vérité comme de la charité. Toute apostasie, toute lâcheté, toute faiblesse d'esprit ou de cœur, trouve en elles d'inflexibles juges. Elles aiment l'Eglise et la Patrie, le Christ et sa Mère; elles les aiment plus qu'elles-mêmes, plus que les richesses, plus que leurs enfants. Nous le voyions, il y a un instant, à Mentana et à Castelfidardo. Et cet amour leur tient lieu de science. Elles sont parmi nous le ferme appui de la société et de l'Eglise. La Révolution le sait bien. Elle sait le nombre de frères, de fils et de maris préservés, arrachés des sociétés secrètes par de simples ouvrières, par de simples paysannes. Sans cesse, le révolutionnaire est harcelé par cette guerre féminine. De là ses plaintes, ses complots pour pervertir le cœur de la femme. Mais les femmes de France sont aguerries par cent ans de luttes incessantes!

L'esprit de famille engendre ce que l'on a fort justement appelé le culte des ancêtres et il s'en nourrit.

Ce culte a existé chez les nations païennes, mais bientôt dégénéré. Il est vivant dans nos sociétés chrétiennes, et nous le voyons en Chine, constituer presque toute la religion.

Chez les païens, il dut ne consister d'abord que dans les sentiments de reconnaissance des enfants pour le père qui les avait élevés, et de la famille pour l'aïeul qui avait fait sa situation, qui lui avait donné la leçon et l'exemple des vertus morales par lesquelles elle prospérait.

Peu à peu, à mesure que s'éloignait l'image vénérée du fondateur, elle prenait un aspect plus mystérieux et produisait dans les cœurs des sentiments d'un caractère plus religieux.

Bientôt ils se traduisirent en un culte proprement dit. On offrait à l'ancêtre des sacrifices sur son tombeau, et on lui disait : « Dieu souterrain, sois-nous propice! »

De plus, un autel était dressé au foyer de la maison familiale. Des charbons allumés y brillaient nuit et jour. Ils symbolisaient l'âme de la famille, l'esprit de la famille reçu des ancêtres et toujours vivant en elle. Malheur à la maison où le foyer venait à s'éteindre! Le feu ne devait cesser de brûler sur l'autel que lorsque la famille avait péri tout entière. Foyer éteint, famille éteinte, étaient des expressions synonymes.

Le christianisme n'a rien détruit de tout ce qui a jailli naturellement de l'âme humaine. Mais il a tout purifié. Il veut, lui aussi, que nous gardions religieusement le souvenir des auteurs de nos jours, que nous conservions leurs leçons et leurs exemples et que nous les fassions passer aux générations suivantes.

Mais, de plus, la sainte Eglise a voulu que nous restassions en communion avec nos aïeux, avec le père et la mère, les frères et les sœurs qui nous ont précédés dans le monde supérieur. Elle veut que nous priions pour eux et que nous les priions, que nous allions à leur secours et que nous ayons confiance en le leur, surtout pour nous maintenir dans le chemin où ils nous ont mis et nous y guider.

CHAPITRE XI

RECONSTITUTION DU CORPS SOCIAL

> *Tunc totum reipublicae corpus robo sui integritate vigebit, tunc optimae compositionis specie venustabitur, et elegantis pulchritudinis decorem induet, si singula quaeque locum teneant sortita decenter, si fuerit officiorum non confusio, sed distributio.*
>
> S. CHRYSOST. In Policraticio. Lib. I.

Dans l'une de ses dernières études sur la famille, M. de La Tour du Pin a fort bien dit :

« La famille doit toujours être considérée comme une entité morale, économique et sociale persistante, dont la perpétuation est à préparer par l'éducation — à protéger par la législation — et à seconder par l'organisation de la société » (1).

Voilà la vérité qu'il faut rétablir dans les esprits, voilà ce qu'il faut faire rentrer dans les institutions, si l'on veut reconstituer la société sur sa vraie base.

Lorsque les familles se seront ainsi reformées en France, la hiérarchie sociale s'y rétablira comme d'elle-même. Par la pratique plus ou

1. *Association catholique*, 15 octobre 1897.

moins parfaite, plus ou moins prolongée des vertus traditionnelles, les familles se superposeront les unes aux autres. Tout au bas, resteront celles qui continueront à vivre au jour le jour, sans prévoyance pour l'avenir; au-dessus, celles qui sauront assez commander à leurs sens pour épargner; plus haut, celles qui, par les épargnes accumulées, auront acquis la propriété; supérieures à toutes, celles qui, jouissant de l'indépendance à l'égard des nécessités communes que donnent les biens déjà acquis, comprendront qu'elles doivent dès lors se dévouer à leurs frères, et se consacrer au bien public.

Spencer a raison quand il caractérise l'ascension de l'être social, aussi bien que de l'être individuel, par le passage de l'homogénéité indéfinie à l'hétérogénéité définie.

Les différentes zones, selon lesquelles une population s'élève dans les voies du travail et de l'épargne, de la justice et de l'honneur, de la charité et de la sainteté, ne sont point, on le voit, établies et imposées arbitrairement par un pouvoir extrinsèque aux familles et aux individus, comme voudrait le faire croire la démocratie : elles naissent du jeu de la liberté dans la masse de la nation. Elles commencent à se dessiner dès la naissance même de toute société, et elles s'accentuent de jour en jour par le bon ou le mauvais usage du libre arbitre et ce qui en résulte. Toujours et partout, se distinguent bientôt de la populace les hommes du peuple qui apportent le plus d'ardeur et de persévérance au travail, et le plus de modération dans la satisfaction de leurs besoins. Parmi ceux-ci grandissent les familles où les traditions de travail et de modération, respectées et suivies durant plusieurs générations, ont amené la propriété. Elles constituent la bourgeoisie. Au-dessus d'elles, la classe de ceux qui, ne voulant point jouir de leurs biens en égoïstes, se dévouent au bien public.

« Bien que la noblesse fût, même en France, le patrimoine de quelques familles, dit de Bonald, elle était l'objet et le terme des efforts de toutes les familles, qui toutes devaient tendre à s'anoblir, c'est-à-dire à passer de l'état privé à l'état public, parce qu'il est raisonnable et même chrétien de passer d'un état où l'on n'est occupé qu'à travailler pour soi, à un état où, débarrassé du soin d'acquérir une fortune, puisqu'on la suppose faite, l'homme est destiné à *servir* les autres en servant l'Etat. Une famille, en France, sortie de l'état d'enfance, et de ce temps où elle dépend des autres familles pour ses premiers besoins, se proposait l'anoblissement pour but ultérieur à ses projets. Une fois qu'elle y était parvenue, elle s'y fixait. L'individu, sans doute, pouvait avancer en grade, de lieutenant devenir maréchal de France, et de conseiller devenir chancelier; mais ces grades, s'ils n'étaient pas égaux, étaient semblables; les fonctions, pour être plus étendues, n'étaient pas différentes : la famille ne pouvait en recevoir un autre caractère, elle ne pouvait le perdre que par forfaiture. Dans les gouvernements populaires, une famille ne peut aspirer qu'à s'enrichir, à s'enrichir davantage, même lorsqu'elle est opulente. Jamais elle ne reçoit de caractère qui la voue spécialement au service de l'Etat, et même les fonctions publiques auxquelles le citoyen riche est passagèrement élevé, ne sont qu'un moyen pour la famille de spéculer avec plus d'avantage pour sa fortune. On n'est pas capable de rapprocher deux idées, lorsqu'on ne voit pas l'extrême différence qui doit résulter pour le caractère d'un peuple et les sentiments qui sont la force ou la faiblesse des nations de cette disparité totale dans leurs institutions » (1).

La classe de ceux qui envisagent le bien public plus que le leur, a été de tout temps appelée l'aristocratie, la classe des meilleurs, *aristoi*, appellation aussi honorable que juste. La Révolution a fait de ce mot et de la chose qu'il exprime un objet d'horreur : elle avait ses raisons pour cela, et nous avons les nôtres pour ne point partager ce sentiment.

Observons d'abord avec M. Blanc de Saint-Bonnet qu'entendue dans un sens large, l'aristocratie, chez un peuple, se compose de tous les honnêtes gens, de tous ceux qui se trouvent être meilleurs que le gros de la nation. Il y a de l'aristocratie au beau milieu du peuple : c'est celle qui se forme par le travail, par l'épargne, par le frein qu'elle sait mettre à ses appétits.

1. *Législation primitive*. Discours préliminaire.

Et il y a du peuple dans les classes élevées : les familles qui par leurs vices se déforment, se détruisent et retombent dans la foule.

Mais ce que l'on entend généralement par ce mot « aristocratie », c'est l'ensemble des familles qui, par une longue tradition de vertus, de nobles sentiments et de services rendus au pays, se sont élevées au sommet de la hiérarchie sociale.

La démocratie se pose en adversaire de cette aristocratie. Elle s'est efforcée de l'anéantir, et pour cela elle a confisqué, il y a un siècle, les droits acquis aux siècles précédents. Aujourd'hui elle voudrait l'empêcher de renaître; et c'est pourquoi elle a fait des lois pour qu'il ne puisse plus se reconstituer de familles-souches, les seules où les traditions puissent se transmettre, où les mérites puissent s'accumuler par les efforts continus d'une suite de générations. Mais enlever ainsi aux hommes le grand stimulant du bien, ne point leur permettre de porter leurs regards vers l'avenir et d'y voir leur descendance grandir et s'élever par l'impulsion qu'ils lui auront donnée, c'est tout à la fois annihiler la nature humaine, fixer la société dans l'inertie, et en même temps réduire l'assemblage humain à la condition d'un troupeau. Là, en effet, toutes les têtes sont égales, la hiérarchie ne saurait s'y produire, parce qu'il n'y a point de liberté et conséquemment point de mérites, point de situation acquise par ces mérites.

Plus encore que de l'aristocratie, la démocratie est l'adversaire de la noblesse. On confond souvent ces deux choses; elles sont distinctes. L'aristocratie qui existe dans une nation ne forme point nécessairement une noblesse dans l'Etat. La noblesse est une classe qui a sa place marquée dans le gouvernement du pays. C'est l'ensemble des familles dont l'élévation de sentiments, la situation acquise par de longs mérites sont reconnues publiquement par l'Autorité souveraine qui, comptant sur leur dévouement, les emploie au service gratuit du pays (1). Celte investiture, c'est l'anoblissement.

A partir du quinzième siècle, l'anoblissement

1. Sous l'ancien régime, la noblesse seule devait le service militaire et devait servir « à ses frais ». Les soldes, toujours très minimes, n'étaient qu'un appoint. Chaque campagne représentait pour l'officier la vente d'un champ, acheté par un paysan. C'est comme cela qu'au début de la Révolution, la noblesse était à peu près ruinée et qu'il y avait quatre millions de paysans propriétaires.

Cette idée qu'à la noblesse seule, appartenait exclusivement la défense nationale était si rigoureusement appliquée, que toute occupation qui aurait pu la rendre impropre à celle-là lui était interdite. Elle ne pouvait, sans déroger, faire du commerce ou de l'industrie. Un noble pouvait seulement cultiver ou faire cultiver ses terres; mais il ne pouvait faire que cela, parce qu'il devait toute sa vie se tenir à la disposition du Roi, comme soldat ou officier.

Ce système, appliqué pendant les longues générations, a eu pour effet, de développer, par atavisme, les qualités militaires à un point extraordinaire dans la noblesse française.

On peut dire que la noblesse a continué à se recruter par l'armée et qu'aujourd'hui la grande majorité des officiers, même non titrés, font partie de la noblesse : de plus en plus, en effet, des familles se spécialisèrent dans la profession militaire; et, sous l'ancien régime, toutes ces familles seraient anoblies depuis longtemps : quatre générations d'officiers conféraient la noblesse d'office, et presque toujours l'anoblissement se produisait avant la quatrième génération pour cause de faits de guerre.

par le roi vient constamment, comme le dit un contemporain de Louis XII, « donner courage
» et espérance à ceux du moyen état de parve-
» nir, faisant choses vertueuses et ardues, audit
» état de noblesse... Laquelle espérance fait que
» chacun se contente de son état et n'a occasion
» de machiner contre les autres, sachant que,
» par bons moyens et licites, il y peut parvenir
» et qu'il se mettrait en danger s'il y voulait
» venir par autre voie... La facilité y est telle
» que l'on voit tous les jours aucuns de l'état
» populaire monter par degrés jusqu'à celui de
» noblesse et du moyen état sans nombre ».

Une observation que nous ne devons point négliger, est celle-ci : lorsque le roi anoblit des bourgeois enrichis ou des fonctionnaires, c'est toujours en tant que seigneurs de tel ou tel endroit, marquant ainsi que la noblesse est une fonction sociale vis-à-vis d'un groupe déterminé d'habitants du royaume.

Des familles vraiment aristocratiques peuvent n'être pas anoblies, et le roi peut, par abus, anoblir des familles qui ne se sont pas ennoblies elles-mêmes.

« Il ne faut pas croire, dit de Maistre, si l'on veut s'exprimer exactement, que les souverains puissent *ennoblir*. Il y a des familles nouvelles qui s'élancent petit à petit dans l'administration de l'Etat, qui se tirent de l'égalité d'une manière frappante, et s'élèvent entre les autres comme des baliveaux vigoureux au milieu d'un taillis. Les souverains peuvent sanctionner ces ennoblissements naturels; c'est à quoi se borne leur puissance. S'ils contrarient un trop grand nombre de ces ennoblissements, ou s'ils se permettent d'en faire trop de leur *pleine puissance*, ils travaillent à la destruction de leurs états. La fausse noblesse était une des grandes plaies de la France » (1).

A l'heure actuelle, il n'y a plus en France de noblesse, du moins à l'état de classe. Se reconstituera-t-elle? C'est le secret de Dieu, des événements et du temps. Il est permis d'en faire le vœu et d'appuyer ce vœu sur cette remarque que la noblesse a brillé dans toute l'antiquité, qu'elle a reparu avec plus d'éclat que jamais chez les peuples modernes, qu'en France elle a vécu quatorze siècles et qu'elle a été la gloire de notre pays, qu'elle en a fait la grandeur pendant mille ans, tandis que la démocratie l'a mis en cent ans dans l'état où nous le voyons.

H. Taine, dans son premier volume sur la Révolution, a regretté sa disparition. « Grâce à sa fortune et à son rang, l'homme de cette classe est au-dessus des besoins et des tentations vulgaires. Il peut servir gratuitement; il n'a pas à se préoccuper d'argent, à pourvoir sa famille, à faire son chemin. Il peut suivre ses convictions, résister à l'opinion bruyante et malsaine, être le serviteur loyal et non le bas flatteur du public. Par suite, tandis que, dans les conditions moyennes ou inférieures, le principal ressort est l'intérêt, chez lui, le grand moteur est l'orgueil;

1. *Considérations sur la France*, p. 149.

or, parmi les sentiments profonds de l'homme, il n'en est pas qui soit plus propre à se transformer en probité, patriotisme et conscience; car l'homme fier a besoin de son propre respect, et pour l'obtenir il est tenté de le mériter. A tous ces points de vue, comparez la *gentry* et la noblesse anglaise aux *politiciens* des Etats-Unis » (1). Taine montre ensuite comment l'éducation donnée au gentilhomme, le milieu dans lequel il se trouve, ses fréquentations, la connaissance qu'il y acquiert des hommes et des choses lui permettent, s'il est bien doué, d'être un homme d'Etat avant trente ans.

Léon XIII, le Pape que nos démocrates ont l'audace de présenter comme l'inspirateur de leurs belles doctrines, recevant le patriciat romain au mois de janvier 1897 lui dit :

« Notre charité ne fait ni ne doit faire acception de personne; mais elle ne saurait être répréhensible si elle met particulièrement en vous sa complaisance, *en vue précisément du rang social qui vous a été assigné* par un fait en apparence fortuit, mais, en vérité, *par une clémente disposition du Ciel.* Comment refuser un égard particulier à l'éclat du nom, du moment que le divin Rédempteur a montré par le fait le

1. Les classes riches d'une société ne peuvent remplir leur devoir social que si l'Etat leur en rend possible l'accomplissement. Les hommes de cette classe ne peuvent utiliser leur instruction, leurs loisirs, leur fortune et leur bonne volonté au profit de l'Etat que si l'Etat s'y prête comme il le faisait en France, comme il le fait encore en Angleterre.

tenir en estime! Certes, dans son pèlerinage terrestre, il adopta la pauvreté et ne voulut jamais la richesse pour compagne; mais pourtant *il voulut naître de race royale.*

» Ce n'est point pour flatter un fol orgueil, que Nous vous rappelons ces choses, chers fils; mais plutôt pour vous réconforter dans les œuvres dignes de votre rang. Tout individu, toute classe d'individus a ses fonctions et sa valeur propres, et c'est de l'assemblage bien ordonné de tous, que jaillit l'harmonie de la société humaine. Il est cependant indéniable que, dans les institutions privées et publiques, *l'aristocratie du sang* est une force spéciale, comme la fortune, comme le talent. *S'il y avait en cela dissonance avec les dispositions de la nature*, *ce n'aurait pas été*, *comme dans tous les temps,* UNE DES LOIS MODÉRATRICES DES ÉVÉNEMENTS HUMAINS. C'est pourquoi, jugeant d'après le passé, il n'est pas illogique d'en inférer que, *quelles que soient les vicissitudes du temps*, un nom illustre ne manquera jamais d'avoir quelque efficacité pour qui sait dignement le porter ».

Léon XIII termina son discours par ces mots: « Ayez les yeux ouverts sur les événements qui mûrissent et ne perdez jamais de vue que, au milieu du ferment croissant des convoitises populaires, la franche et constante vertu chez les classes plus élevées est l'un des plus nécessaires moyens de défense ».

En janvier 1903, Léon XIII dit encore : « Jésus-Christ, s'il voulut passer sa vie privée dans l'obscurité d'une humble habitation et passer pour le fils d'un artisan, si, dans sa vie publique, il aima de vivre au milieu du peuple, lui faisant du bien de toutes manières, pourtant il voulut naître de race royale en choisissant pour mère Marie, pour père putatif Joseph, tous deux rejetons choisis de la race de David. Hier, en la fête de leurs épousailles, nous pouvions répéter avec l'Eglise ces belles paroles : Marie nous apparaît brillante, issue d'une race royale.

» Aussi, l'Eglise, en prêchant aux hommes qui sont tous les fils du même Père céleste, reconnaît comme une condition providentielle de la société humaine la distinction des classes ; c'est pourquoi elle enseigne que seul le respect réciproque des droits et des devoirs, et la charité mutuelle donneront le secret du juste équilibre, du bien-être honnête, de la véritable paix et de la prospérité des peuples ».

En 1872, Pie IX avait dit de même :

« Jésus-Christ lui-même a aimé l'aristocratie. Lui aussi voulut appartenir à la noblesse par sa naissance et descendre de la race de David ». Puis rappelant que lorsqu'il était jeune encore, un prince romain lui avait exposé « le rôle de la noblesse dans la société ». « Maintenant, dit Pie IX, éclairé par une longue expérience, et dans la lumière du souverain Pontificat, je déclare que CE SONT LA DES PRINCIPES VRAIMENT CATHOLIQUES » (1).

1. *Discours de N.-S.-P. le Pape Pie IX*, t. I, p. 122 et t. II, p. 141.

Comment, dans ces conditions, la France a-t-elle pu se défaire de sa noblesse? Il faut dire que la noblesse s'était défaite elle-même. A partir du XIVe siècle, à partir de la Renaissance, commença à se produire chez elle un abaissement moral qui se poursuivit d'une manière presque continue. Arrivée au XVIIIe siècle, on ne la voyait plus remplir en France les devoirs d'une véritable aristocratie; et c'est pourquoi la Révolution a pu la renverser. « La noblesse française, a dit de Maistre, ne doit s'en prendre qu'à elle-même de tous ses malheurs » (1).

Il eût fallu ramener dans les âmes l'antique esprit, l'ancien dévouement. La France eût alors assisté à une évolution, au lieu d'avoir à subir une révolution. S'adaptant aux conditions présentes de la société, l'esprit ancien eût fait avancer dans les voies d'un véritable progrès, la société que nous voyons rétrograder. Tandis que, livrée qu'elle est à l'impulsion de la foule, elle cède au nombre comme le corps au poids le plus lourd; elle redescend les degrés de la civilisation, elle rentre dans la barbarie.

S'il plaît à Dieu de nous arracher un jour à cette pente, lorsqu'il s'agira de réorganiser notre société, peut-être sentira-t-on la nécessité de reconstituer en noblesse ce qui restera en France d'aristocratie, c'est-à-dire de familles qui auront su se soustraire à la contagion de tous les vices qui nous dévorent. La souveraineté, dont la source est en Dieu, mais le dépôt dans le souve-

1. *Considérations sur la France*, p. 151.

rain, ne peut être exercée tout entière par le souverain seul; à tout chef, il faut ses lieutenants. Ceux-ci doivent-ils être des fonctionnaires sans racines, ou des hommes entourés de respect, d'une fortune garantissant leur indépendance, leur conduite et leurs capacités? Toute la question est là. Si les familles qui se sont aristocratisées restent isolées les unes des autres, si elles ne forment point un corps ayant reçu une investiture, elles n'agiront auprès du peuple que d'une manière individuelle, et, dès lors, toute l'action sociale devra venir du pouvoir, ce qui met en grand danger de despotisme. La noblesse constituée est un corps protecteur pour le peuple à l'égard du souverain, comme aussi pour le souverain à l'égard de la multitude. Et c'est pourquoi toute nation qui veut conserver ses libertés doit avoir une noblesse, comme tout pouvoir doit avoir une noblesse pour posséder ses contre-forts.

Se plaçant à un autre point de vue, Taine a dit : « On ne peut supprimer l'aristocratie sans retour. Dans toute société qui a vécu, il y a toujours un noyau de familles dont la fortune et la considération sont anciennes. Supprimée par la loi, l'aristocratie se reconstitue par le fait, et le législateur ne peut jamais que choisir entre deux systèmes : celui qui la laisse en friche ou celui qui lui fait porter des récoltes; celui qui l'écarte du service public ou celui qui la rallie au service »; et il donne d'excellentes raisons pour démontrer que ce dernier parti est de beaucoup préférable.

Le meilleur gouvernement est celui qui donne pleine carrière au développement de la nature humaine, en tenant ouverte l'entrée de la noblesse à la bourgeoisie par les anoblissements légitimes, et l'entrée de la bourgeoisie ouverte au peuple par les institutions qui favorisent la formation du capital et consacrent ses droits.

« S'il y avait dans les campagnes et dans chaque village, dit de Bonald, une famille à qui une fortune considérable, relativement à celle de son voisin, assurât une existence indépendante de spéculations et de salaires, et cette sorte de considération dont l'ancienneté et l'étendue de propriétés territoriales jouissent toujours auprès des habitants des campagnes; une famille qui eût à la fois de la dignité dans son extérieur, et dans la vie privée beaucoup de modestie et de simplicité; qui, soumise aux lois sévères de l'honneur, donnât l'exemple de toutes les vertus ou de toutes les décences; qui joignît aux dépenses nécessaires de son état et à une consommation indispensable, qui est déjà un avantage pour le peuple, cette bienfaisance journalière, qui, dans les campagnes, est une nécessité, si elle n'est pas une vertu; une famille qui fût uniquement occupée des devoirs de la vie publique, ou exclusivement disponible pour le service de l'État, pense-t-on qu'il ne résultât pas de grands avantages, pour la morale et le bien-être des peuples, de cette institution, qui, sous une forme ou sous une autre, a longtemps existé en Europe, maintenue par les mœurs, et à qui il n'a manqué que d'être réglée par des lois? » (1).

« Ces autorités sociales, dit M. Le Play, résolvent sûrement le grand problème, qui consiste à faire régner la paix publique sans le secours de la force. Pour atteindre ce but, elles emploient toutes les mêmes moyens : elles donnent le bon exemple à leur localité, en inspirant à leurs serviteurs, à leurs ouvriers et à leurs voisins le respect et l'affection. Quand elles agissent en toute liberté, elles créent des sociétés stables et prospères; mais quand elles sont paralysées par les gouvernements et les constitutions écrites, elles ne peuvent plus conjurer ni les révolutions ni les décadences » (2).

A l'heure actuelle, la nation française n'est plus, à proprement parler, une société, parce qu'on ne trouve plus chez elle l'organisation sociale qui, dans toutes les civilisations, a fait d'une multitude une société. La foule est encore maintenue en une certaine cohésion par le réseau des fonctionnaires qui l'enserre de toutes parts; mais la vie s'en va, et il n'est personne qui ne soit effrayé de voir combien les signes de mort se sont multipliés en ces dernières années, en tout ordre de choses.

C'est le cœur qui meurt le dernier, et le cœur

1. *Pensées de Bonald.*
2. *Réforme sociale*, ch. LXIV.

de la France, c'est l'élite de ses enfants, composés de tous ceux qui ont gardé quelque chose de l'esprit des anciens.

Ce cœur c'est le clergé, prêtres séculiers et religieux, qui ne se sont point laissé gagner par l'esprit du siècle, qui conservent la doctrine et la présentent dans sa pureté, et qui prêchent la sainteté d'exemple autant que de parole. Elles sont du clergé, du bon lot du Seigneur, ces admirables femmes qui, en se consacrant à Lui, se sont mises au service de ses créatures délaissées, les plus besogneuses et les plus souffrantes.

Ce cœur, c'est cette partie de la noblesse, qui est restée fidèle à la foi, aux principes d'honneur et aux sentiments de la charité chrétienne.

Ce cœur, c'est la bourgeoisie vertueuse : cette partie de l'armée et de la magistrature, de l'industrie et du commerce qui reste attachée d'esprit et de cœur au catholicisme, qui garde son âme ouverte aux grands sentiments, fermée au scepticisme et à la cupidité.

C'est en cette élite que la société peut actuellement espérer, c'est de ce cœur que la vie reprendra possession de tout le corps, s'il se montre assez vigoureux pour chasser d'un mouvement continu, par tout l'organisme, le sang pur et vivifiant dont il a conservé les restes. Que d'efforts sont faits pour le paralyser et même le corrompre!

Des idées révolutionnaires, au moins dans leur principe, se sont insinuées dans le clergé sous prétexte de pitié pour le peuple et d'amour de la justice; et d'autres idées, plus radicalement opposées à la Foi chrétienne, lui ont été présentées sous le manteau d'une science séductrice.

D'autre part, avec une infatigable persévérance, se poursuivant tout le long d'un siècle, il s'est vu enlever, l'un après l'autre, tous ses moyens d'action jusque et y compris, pour les plus fidèles au devoir, le pain du corps nécessaire à l'activité de l'âme.

Des séductions d'un autre genre font le siège de la noblesse : celles du plaisir et celles de l'agiotage pour fournir au plaisir.

Les hommes de l'armée et de la magistrature se voient enveloppés d'un réseau d'espions et de délateurs, qui ne leur laissent d'autre liberté que celle d'exécuter les ordres de la franc-maçonnerie.

L'industrie et le commerce périclitent, toutes les fortunes sont menacées, et, avec les fortunes, tombent les situations d'où peuvent découler sur le peuple les salutaires influences.

Et, cependant, malgré toutes les entraves et toutes les persécutions; malgré même les défections et les découragements qu'elles sont de nature à produire, il faut, il est plus nécessaire que jamais que l'élite se maintienne et qu'elle agisse. Qu'elle agisse d'abord sur elle-même, chacun s'efforçant de devenir meilleur; puis sur son entourage : le prêtre dans sa paroisse, le père dans sa famille, le patron dans son atelier, le capitaine dans sa compagnie, chacun sur tous ceux qu'il peut atteindre, afin de développer le noyau d'aristocratie que Dieu nous a laissé, ne voulant point que nous subissions le sort de Sodome et de Gomorrhe (1).

Que le père de famille se souvienne que la chute pèse toujours sur les enfants des hommes, et qu'il use de l'autorité dont Dieu l'a investi pour redresser les âmes, les discipliner et les élever. Qu'il porte ses regards au delà des berceaux qui l'entourent, et qu'il fasse tout ce qui est en son pouvoir pour perpétuer son esprit dans sa descendance aussi loin qu'elle ira.

Et de même, que tous ceux que la Providence a placés à un sommet si peu élevé qu'il soit, mettent toute leur âme et toutes leurs forces à en faire descendre le vrai et le bien sur ceux qu'ils voient plus bas. C'est pour cela que Dieu a fait les hauteurs, afin qu'elles reçoivent de Lui, pour les répandre dans les vallées, les dons de son infinie Bonté. C'est d'Elle que tout bien découle, mais Elle veut des canaux. Heureux ceux à qui Elle fait cet honneur. « Le principe de la hiérarchie, dit saint Denys l'Aréopagite, dans son traité de la *Hiérarchie ecclésiastique* (2), est la Trinité, source de vie, bonté essentielle, cause unique de tout, et qui, dans l'effusion de son amour, a communiqué à toutes choses l'être et la perfection. » Dans la *Hiérarchie céleste*, sa

1. Isaïe, I, 9.
2. Chap. I.

pensée se complète ainsi : « L'ordre hiérarchique est que les uns soient purifiés et que les autres purifient; que les uns soient illuminés et que les autres illuminent; que les uns soient perfectionnés et que les autres perfectionnent, et qu'ainsi chacun ait son mode d'imiter Dieu ».

Ceux à qui Dieu a donné la lumière, ont le devoir de la répandre; ceux qui, par sa grâce, ont gardé la pureté des mœurs, ont le devoir de travailler à la propager; ceux qui, en quelque ordre que ce soit, sont arrivés à une perfection, doivent aider leurs frères à y atteindre. C'est là imiter Dieu, l'imiter dans le plus noble de ses attributs, la Bonté, qui, dit saint Thomas d'Aquin, est diffusive de ce qui est en elle.

Au peuple d'imiter cette bonté dans sa famille, au noble dans ses terres, à l'industriel dans ses usines, au prêtre dans son bercail.

Dans une discussion qui eut lieu en 1886 à l'Académie des sciences sur la question sociale, M. Ravaisson en indiqua la solution en ces termes : « Que les classes supérieures renouvellent, et s'il se peut avec plus de force, la tradition de l'antique générosité d'où est sorti partout, mais peut-être plus en France qu'ailleurs, tout ce qui s'est fait de grand : on verra se reformer une société unie et par suite durable. A mon avis, la seule solution que puisse recevoir ce qu'on appelle la question ouvrière, et plus généralement la question sociale, c'est une réforme morale qui rétablirait la réciprocité du dévouement et des services, que cette réforme doit résulter d'une éducation nouvelle donnée à la nation, que cette éducation c'est aux classes supérieures qu'il appartient de l'entreprendre, mais en commençant par elles-mêmes » (1).

La grande erreur des démocrates, qui ont vraiment au cœur la pitié du peuple, est de vouloir élever tous les hommes à la fois, par des règlements et des lois. Cela n'a jamais pu se faire. Le ressort de l'homme est dans son âme, les lois ne sont qu'un frein, un lien extérieur, incapable de stimuler la vie. La vie vient de Dieu. Les premiers à profiter des bénéfices de la Rédemption et de la civilisation, doivent tendre la main aux autres, les aider à suivre, les conduire peu à peu vers le bien : « que le premier parmi vous soit le serviteur de tous » (2). Cette voie est assurément moins expéditive que celle de la législation, mais seule elle peut conduire au terme. Le terme est l'élévation de tous, l'extension des classes supérieures à toute la nation par la dilatation des aristocraties, par la généralisation du capital et des vertus qui le créent. Faut-il appeler cela « démocratie »? Evidemment non, puisque le peuple est appelé par là à faire partie de l'aristocratie, et qu'il ne peut être ainsi éclairé et secouru que par ceux qui sont déjà arrivés à être meilleurs, en un mot par l'aristocratie.

1. Dans la *Réforme sociale*, 1er juin 1886.
2. Matth., XX, 27.

CHAPITRE XII

LA FRANCE. SES ORIGINES ET SA MISSION

Ego tuli te de pascuis ut esses dux super populum meum, fecique tibi nomen grande. Et ponam locum populo meo et plantabo eum. Suscitabo semen tuum post te, et firmabo regnum ejus, et stabiliam thronum regni ejus in sempiternum. Ego ero ei in patrem, et ipse erit mihi in filium, Qui si inique aliquid gesserit, arguam eum in virgam virorum et in plagis filiorum hominum. Misericordiam autem meam non auferam ab eo.

II Reg., VII, 8-15.

Toi, Jehovah, tu règnes éternellement;
Ton trône subsiste d'âge en âge.
Pourquoi nous oublierais-tu à jamais,
Nous abandonnerais-tu pour toute la durée de nos jours?
Fais-nous revenir à toi, Jehovah! et nous reviendrons;
Donne-nous de nouveaux jours comme ceux d'autrefois (1).

Les jours d'autrefois! rappelons-les. Renouvelons dans nos cœurs, dans un esprit de re-

1. Prière de Jérémie à la fin de ses *Lamentations*.

connaissance et dans un esprit de prière, le souvenir des bienveillances que Dieu a manifestées pour nous dès nos origines.

Echo de la tradition conservée par Hincmar, Surius, Marlot et autres, Baronius en fait ainsi le récit :

« Dans la chapelle du palais dédiée à saint Pierre, saint Remi, Clovis et sainte Clotilde étaient assis, entourés des clercs qui avaient accompagné le Pontife, et des officiers du Roi et de la Reine. Le prélat donnait au Roi des enseignements salutaires, et lui inculquait les commandements évangéliques. Pour confirmer la prédication du saint évêque, Dieu voulut montrer visiblement ce qu'il dit à tous les fidèles : « Quand deux ou trois sont assemblés en mon nom, je suis au milieu d'eux ».

» Tout à coup, en effet, une abondante lumière, plus éclatante que celle du soleil, remplit toute la chapelle et l'on entendit en même temps ces paroles :

» LA PAIX SOIT AVEC VOUS. C'EST MOI, NE CRAIGNEZ RIEN : DEMEUREZ DANS MON AMOUR.

» Puis, après ces paroles, la lumière disparut, et une odeur d'une incroyable suavité embauma le palais, afin de prouver avec évidence que l'auteur de la lumière, de la paix et de la douceur y était venu, car, l'évêque excepté, aucun des assistants n'avait pu le voir, parce qu'ils étaient éblouis par l'éclat de la lumière. Sa splendeur pénétra le Saint Pontife, et la lumière qu'il rayonnait illuminait le palais avec plus d'éclat que les flambeaux qui l'éclairaient...

» Un miracle digne des temps apostoliques, pour me servir des expressions d'Hormisdas, succéda à cette apparition, comme le rapportent Aimoin et Hincmar, évêque de Reims; je veux parler de l'ampoule du saint chrême apportée du ciel par une colombe, et qui servit à sacrer Clovis et, à son exemple, tous les rois de France, ses successeurs » (1).

« Par ces éclatants prodiges, poursuit le grand historien de l'Eglise, Dieu voulut manifester clairement de quel poids *(quantæ molis erat)* était la conversion du roi des Francs et de son peuple » (2).

---

1. Voici ce que raconte Hincmar : « On était au baptistère; le clerc qui portait le chrême, arrêté par la foule, ne put parvenir jusqu'aux fonts baptismaux; le chrême allait manquer. Saint Remi se mit aussitôt en prières, et voici que, tout à coup, une colombe plus blanche que la neige apparut, portant dans son bec une ampoule pleine d'un chrême sacré, dont le vénérable évêque versa le contenu dans les fonts baptismaux; à l'instant se répandit une odeur plus suave que tous les parfums qu'on avait épanchés. »

Telle était, dès le IXe siècle, la tradition rémoise. Au sacre de nos rois, les onctions étaient faites avec un chrême préparé sur la patène d'or du calice de saint Remi, auquel on ajoutait une larme du baume contenu dans la Sainte Ampoule, tirée à l'aide d'une aiguille d'or.

La Sainte Ampoule fut brisée le 8 octobre 1793 par Philippe Rühl, député du Bas-Rhin, sur le socle de la statue de Louis XV, place Royale. Mais la veille du jour où sa destruction fut ordonnée, MM. Seraine et Ph. Hourelle, ainsi que le constate un procès-verbal authentique, tirèrent, à l'aide de l'aiguille d'or, le plus qu'ils purent du baume miraculeux, l'enfermèrent dans du papier et le conservèrent. Ces fragments permirent de reconstituer la Sainte Ampoule, qui fut employée comme autrefois pour le sacre de Charles X.

2. T. VI, p. 464. Année 499, XVIII.

La miraculeuse conversion des Francs suivit celle du roi. Sur la demande de saint Remi, Clovis alla parler aux Francs.

« Mais avant qu'il ait pris la parole, la puissance divine prend le devant, et tout le peuple s'écrie d'une seule voix : « Nous repoussons les dieux mortels, pieux prince; nous sommes prêts à suivre le Dieu immortel annoncé par Remi. » A cette nouvelle, le Pontife, comblé de joie, ordonne de préparer le bain sacré. Tout le temple est embaumé d'une odeur divine, et Dieu accorde aux assistants une si grande grâce, qu'ils se croyaient parfumés des odeurs du ciel » (1).

Baronius ajoute :

« Instruit de la voie de Dieu, le roi entra avec la courageuse nation des Francs par la porte de la lumière éternelle. Elle crut au Christ et devint une nation sainte, un peuple d'acquisition afin qu'en lui fût annoncée la puissance de Celui qui les appela des ténèbres à son admirable lumière ».

C'est une légende, dira-t-on; mais Dieu ne peut-il faire des prodiges? N'avait-il point une raison suffisante d'en faire pour consacrer et engager à son service le peuple dont il voulait faire son bras droit? Et enfin, comment nier un prodige raconté par de graves et saints historiens, implicitement affirmé par le témoignage du pape Hormisdas, qui écrit à saint Remi que des miracles égaux à ceux des temps apostoliques éclatèrent en France, confirmés par la

1. Ibid., p. 462, XX; édition de Venise.

Sainte Ampoule et le don de guérir les écrouelles, témoignage scellé pour ainsi dire par le Christ lui-même, qui appellera plus tard le roi de France « le fils aîné de son Cœur sacré »!

« A dater de là, dit Mgr Pie, une grande nation, une autre tribu de Juda commença dans le monde. Les pontifes de Rome, d'accord avec les évêques de Gaule, ne s'y méprirent point. A travers l'obscurité profonde qui leur avait si longtemps et si douloureusement voilé le mystère de l'avenir, ils saluèrent aussitôt l'astre nouveau qui se levait en Occident et ils conçurent des présages qui n'étaient point trompeurs. »

Un historien, de ceux qui sont les moins disposés à voir dans les événements humains l'intervention divine, M. Th. Lavallée, a dit également :

« La conversion de Clovis fut un immense événement, elle commença la grandeur des Francs et de la Gaule. Dès ce moment, ce pays devient le centre du catholicisme, de la civilisation et du progrès. Dès ce moment, il prend la magistrature de l'Occident qu'il n'a pas cessé d'exercer ».

Les papes et les évêques entrevirent dès les premiers jours cette glorieuse carrière et la prophétisèrent.

Le pape Anastase II écrivit à Clovis :

« Nous louons Dieu qui a tiré de la puissance des ténèbres un si grand prince, AFIN DE POURVOIR L'EGLISE D'UN DÉFENSEUR et l'a orné du casque du salut pour combattre ses pernicieux adversaires. Courage donc, cher et glorieux fils, afin d'attirer sur votre sérénissime personne et sur votre royaume la protection céleste du Dieu tout-puissant; qu'il ordonne à ses anges de vous garder dans toutes vos voies, et vous donne partout la victoire sur vos ennemis » (1).

« Et saint Remi, avant de mourir, dit Baronius, inspiré par l'Esprit-Saint, à la façon des patriarches, donna à la France une bénédiction consignée dans son testament, confirmée par la signature des évêques (saint Vaast, saint Médard, saint Loup) et dont voici les termes :

« Si mon Seigneur Jésus-Christ daigne écouter la prière que je fais chaque jour pour la maison royale, afin qu'elle persévère dans la voie où j'ai dirigé Clovis POUR L'ACCROISSEMENT DE LA SAINTE EGLISE DE DIEU, puissent les bénédictions que l'Esprit-Saint a versées sur sa tête par ma main pécheresse s'accroître par ce même Esprit sur la tête de ses successeurs! Que de lui sortent des rois et des empereurs *qui feront la volonté du Seigneur pour l'accroissement de la Sainte Eglise* et qui seront, par sa puissance, confirmés et fortifiés dans la justice. Puissent-ils chaque jour augmenter leur royaume, le conserver et mériter de régner éternelle-

1. Nous devons dire que la lettre du pape Anastase II à Clovis, bien que ne portant aucun caractère interne de supposition, (elle est d'ailleurs trop courte pour offrir beaucoup de prise à la critique), doit être tenue pour suspecte à cause de sa provenance. Elle est, en effet, rapportée par le savant Jérôme Viguier, auteur de documents fabriqués. (Voir *Clovis*, par M. Godefroid Kurth).

ment avec le Seigneur dans la Jérusalem céleste! »

Saint Avitus, évêque de Vienne, qui n'avait pu assister au baptême de Clovis, lui écrivit aussi une lettre « où l'on ne sait, dit M. Godefroid Kurth, ce qu'il faut admirer le plus de l'élévation du langage, de la justesse du coup d'œil ou de l'inspiration sublime de la pensée »: « ... De toute votre antique généalogie, vous n'avez rien voulu conserver que votre noblesse, et vous avez voulu que votre descendance fît commencer à vous toutes les gloires qui ornent une haute naissance. Vos aïeux vous ont préparé de grandes destinées : vous avez voulu en préparer de plus grandes à ceux qui viendraient après vous... Puisque Dieu, grâce à vous, va faire de votre peuple le sien tout à fait, eh bien! offrez une partie du trésor de foi qui remplit votre cœur à ces peuples assis au delà de vous, et qui, vivant dans leur ignorance naturelle, n'ont pas encore été corrompus par les doctrines perverses (l'arianisme); ne craignez pas de leur envoyer des ambassades et plaidez auprès d'eux la cause de Dieu qui a tout fait pour la vôtre » (1). « C'est, dit M. Kurth, le programme du peuple franc qui est ici formulé. Pour qui, à quatorze siècles de distance, voit se dérouler dans le passé le rôle historique de ce peuple, alors enveloppé dans les ténèbres de l'avenir, il semble qu'on entende un voyant d'autrefois prédire la mission d'un peuple d'élus. La

1. A. Avitus, *Epist.*, 46 (41).

nation franque s'est chargée, pendant des siècles, de réaliser le programme d'Avitus : elle a porté l'Evangile aux peuples païens, et, armée à la fois de la croix et de l'épée, elle a mérité que ses travaux fussent inscrits dans l'histoire sous ce titre : *Gesta Dei per Francos* » (1).

En même temps qu'elle leur était donnée par Dieu, signifiée par le pape et par les évêques, la mission d'être dans le monde les défenseurs de la Sainte Eglise était conférée aux rois des Francs par les empereurs romains.

Quoique transporté en Orient, l'empire romain conserva longtemps en Occident son prestige. Aussi Clovis ne se crut assuré de ses conquêtes qu'en recevant de l'empereur Anastase le titre et les insignes de patrice, de consul et d'auguste. Dans sa joie, comme le raconte Grégoire de Tours, il prit solennellement possession de sa nouvelle dignité à Saint-Martin de Tours, et fit frapper, pour les distribuer au peuple, des monnaies à l'effigie d'Anastase, avec cette devise au revers :

Victoria Augusto, Regi, viro illustri Clodoveo. — *Victoire à Clovis, Auguste, Roi, homme illustre.*

Dès ce jour, Clovis fut donc également investi, au nom de l'Empereur, de la double mission de protéger l'Eglise et les pauvres. Et dès lors, cette mission fut toujours regardée comme le plus précieux héritage des souverains de la

1. *Clovis*, p. 355.

France. En conférant le patriciat aux rois mérovingiens, les empereurs d'Orient leur disaient: « Comme nous ne pouvons nous acquitter seuls de la charge qui nous est imposée, nous vous accordons l'honneur de faire justice aux églises de Dieu et aux pauvres, vous souvenant que vous rendrez compte au Souverain Juge » (1).

Quand peu à peu les liens de l'Orient et de l'Occident se brisèrent, les Papes, au nom « de Pierre, présent à Rome dans *sa chair* », et du consentement des Romains, donnèrent seuls ce mandat. Grégoire III investit du patriciat Charles-Martel, titre que la mort ne lui permit pas d'accepter, mais qui passa à Pépin et à ses fils. C'est ce qui explique comment le Pape fut consulté pour l'élection de Pépin au trône de France. Trois ans après son sacre, Etienne lui écrivait en ces termes au nom de saint Pierre et au sien :

« Pierre, apôtre, appelé par Jésus-Christ, Fils du Dieu vivant, et avec moi l'Eglise catholique, apostolique, romaine, maîtresse de toutes les autres, et Etienne, évêque de Rome :

» A vous, hommes très excellents, Pépin, Charles et Carloman, tous trois rois; aux évêques, abbés, ducs, comtes, à toutes les armées et à tous les peuples des Francs.

» Moi, Pierre, ordonné de Dieu pour éclairer le monde, je vous ai choisis pour *mes fils adoptifs*, afin de défendre contre leurs ennemis la cité de Rome, le *peuple que Dieu m'a confié* et

1. Ozanam, *Civilisation chrétienne.*

le lieu où je repose *selon la chair*. Je vous appelle donc à délivrer l'Eglise de Dieu qui me fut recommandée d'En-Haut; et je vous presse, parce qu'elle souffre de grandes afflictions et des oppressions extrêmes... Je vous prie et je vous conjure, comme si j'étais présent devant vous; car, *selon la promesse reçue de Notre-Seigneur et Rédempteur, je distingue le peuple des Francs entre toutes les nations*... Prêtez aux Romains, prêtez à *vos frères* tout l'appui de vos forces, afin que moi, Pierre, *vous couvrant de mon patronage en ce monde et dans l'autre*, je vous dresse des tentes dans le royaume de Dieu » (1).

Ainsi, les *Francs* sont frères des Romains non pas seulement comme tous les catholiques en tant que fils spirituels de Pierre, mais comme ses *fils adoptifs*, comme concitoyens, titre que d'autres Papes nous donnent.

Plus tard, Adrien écrivait à Charlemagne :

« En ces temps heureux qui sont les vôtres et les miens, l'Eglise de Dieu et de saint Pierre sera élevée plus haut que jamais, afin que les nations qui auront vu ces choses s'écrient : *Seigneur, sauvez le Roi et exaucez-nous au jour où nous vous invoquerons*. Car voici qu'un nou-

---

1. Ozanam a accompagné la publication de cette lettre des réflexions suivantes : « En citant la lettre écrite par le pape Etienne au nom de l'apôtre saint Pierre, je me suis borné aux passages les plus décisifs. La critique moderne ne permet plus de considérer cette lettre comme une supercherie religieuse, ni même comme une vaine prosopopée. » (*Etudes germaniques*, t. II, p. 250).

veau Constantin, *Empereur très chrétien*, a paru parmi nous » (1).

Léon III, vingt-cinq ans plus tard, réalisait ces aspirations et couronnait Charlemagne.

Le jour de Noël 800, pendant qu'il assistait à la messe, le Pape, sans que la cérémonie eût été annoncée, posa à l'improviste la couronne impériale sur la tête du grand monarque, et le revêtit du manteau des Césars aux acclamations du Sénat et du peuple romain, qui cria par trois fois : *A Charles, très pieux auguste couronné de Dieu; au grand et pacifique empereur des Romains, longue vie et victoire.*

Alors, Charlemagne prêta ce serment :

« *Au nom du Christ, moi, Charles, je m'engage devant Dieu et* SON APOTRE PIERRE, *à protéger et à défendre cette sainte Eglise romaine, moyennant l'aide d'En-Haut, autant que je saurai et pourrai* ». Aussi, dans son testament, le grand empereur recommanda, *par-dessus tout*, la défense de l'Eglise à ses fils.

Ce qu'Anastase avait écrit à Clovis, ce qu'Etienne avait écrit à Pépin, Grégoire IX le répéta dans sa lettre à saint Louis :

« Le Fils de Dieu, dont le monde entier exécute les lois, et aux désirs duquel les armées célestes s'empressent d'obéir, a établi sur la terre divers royaumes et divers gouvernements pour l'accomplissement des célestes conseils. Mais comme autrefois, entre les tribus d'Israël, la tribu de Juda reçut des privilèges tout particuliers,

1. Ozanam, *Civilisation chrétienne.*

ainsi le royaume de France a été distingué entre tous les peuples de la terre par une prérogative d'honneur et de grâce.

» De même que cette tribu n'imita jamais les autres dans leur apostasie, mais vainquit, au contraire, en maints combats, les infidèles, ainsi le royaume de France ne put jamais être ébranlé dans son dévouement à Dieu et à l'Eglise; jamais il n'a laissé périr dans son sein la liberté ecclésiastique; jamais il n'a souffert que la foi chrétienne perdît son énergie propre; bien plus, pour la conservation de ces biens, rois et peuples n'ont pas hésité à s'exposer à toutes sortes de dangers et à verser leur sang.

» Il est donc manifeste que ce royaume béni de Dieu a été choisi par notre Rédempteur pour être l'exécuteur spécial de ses divines volontés. Jésus-Christ l'a pris en sa possession comme un carquois d'où il tire fréquemment des flèches choisies, qu'il lance avec la force irrésistible de son bras, pour la protection de la liberté et de la foi de l'Eglise, le châtiment des impies et la défense de la justice » (1).

Avant lui, Honorius III avait appelé la France « le mur inexpugnable de la chrétienté »; Innocent III avait dit : « Les triomphes de la France sont les triomphes du Siège apostolique »; et Alexandre III : « La France est un royaume béni de Dieu dont l'exaltation est inséparable de celle du Saint-Siège ».

Pour abréger, venons-en à Léon XIII qui ré-

1. Labbe, *Collection des Conciles*, t. XIV, p. 266.

sume ainsi notre histoire : « La très noble nation française, pour les grandes choses qu'elle a accomplies dans la paix et dans la guerre, s'est acquis envers l'Eglise catholique des mérites et des titres à une reconnaissance immortelle et à une gloire qui ne s'éteindra jamais ». — « A mesure qu'elle progressait dans la foi chrétienne, on la voyait monter graduellement à cette grandeur morale qu'elle atteignit comme puissance politique et militaire ». — « De tout temps, la Providence s'est plu à confier aux bras vaillants de la France la défense de l'Eglise, et quand elle la voyait s'acquitter fidèlement de sa mission, elle ne manquait pas de la récompenser par une augmentation de gloire et de prospérité. Ah! nous le demandons au Ciel avec instance, puisse la France d'aujourd'hui, par sa foi religieuse, se montrer digne de la France du passé! Puisse-t-elle rester fidèle aux grandes traditions de son histoire, et travailler ainsi à sa véritable grandeur! » (1).

1. Encyc. *Nobilissima Gallorum gens.* — Encyc. *Au milieu des Sollicitudes.* — Discours aux pèlerins français, 8 mai 1881.

— Si la distinction entre les Sciences naturelles et les Sciences morales, judicieusement et fortement marquée par M. le professeur Grasset dans un célèbre livre (*Les limites de la Biologie*, par M. le docteur Grasset, 1 volume, chez Alcan.) doit être maintenue de la manière la plus stricte, dit M. Paul Bourget, ce n'est pas un motif pour renoncer à la comparaison entre les résultats derniers de ces sciences. Nous gardons le droit de signaler à leur propos, des analogies qui prennent, quand elles arrivent à l'identité, la plus haute valeur de vérification. Or on sait la doctrine de Claude Bernard sur la vie, cette nutrition dirigée : « La » vie, a-t-il écrit, c'est la création. Ce qui est essentiellement

A chaque renouvellement de règne, le sacre du roi venait sceller à nouveau l'alliance contractée entre le Christ et la France, et si souvent notariée, pour ainsi dire, par les souverains Pontifes.

Le sacre de ses rois a longtemps été un privilège réservé à la France. Aucun empereur ro-

---

» du domaine de la Vie, ce qui n'appartient ni à la phy-
» sique, ni à la chimie, ni à rien autre chose, c'est *l'idée*
» *directrice* de cette évolution vitale... Dans tout germe
» vivant, il y a une *idée créatrice* qui se développe et se
» manifeste par l'organisation. Pendant toute sa durée,
» l'être vivant reste sous l'influence de cette même *force vitale*
» *créatrice* et la mort arrive lorsqu'elle ne peut plus se réa-
» liser... C'est toujours cette même *idée vitale* qui conserve
» l'être en reconstituant les parties vivantes, désorganisées
» par l'exercice, ou détruites par les accidents et les mala-
» dies... » (Voir l'*Introduction à la médecine expérimentale*, édition du R. P. Sertillanges, chez M. Levé, 17, rue Cassette.) En étudiant, comme il a fait, l'histoire des peuples dans toutes les civilisations, M. l'abbé de Pascal, a constaté avec quelle surprenante exactitude cette formule s'applique aux grandeurs et aux décadences de tous les pays. Changez-y quelques termes, afin de passer de l'ordre de la biologie dans l'ordre de l'histoire. Oubliez un moment la phrase de Bernard et lisez celle-ci : « Un peuple, c'est une
» création continuée. Ce qui est essentiellement du do-
» maine de ce peuple, ce qui n'appartient à aucun autre,
» c'est l'*idée directrice* de son évolution nationale... Dans
» tout peuple vivant, il y a une *idée créatrice* qui se déve-
» loppe et se manifeste par l'organisation. Pendant toute
» sa durée, ce peuple reste sous l'influence de cette même
» *force nationale créatrice*, et sa mort arrive, lorsqu'elle ne
» peut plus se réaliser... C'est toujours cette même *idée*
» *nationale* qui conserve ce peuple, en reconstituant les
» parties vivantes, désorganisées par les abus, ou détrui-
» tes par les accidents extérieurs et les Révolutions... »
Il n'y a pas dans cette série d'affirmations une vérité qui ne soit d'expérience historique, de même qu'il n'y avait pas une vérité, dans la série des affirmations de Bernard, qui ne fût d'expérience biologique. Ce n'est qu'un parallélisme, mais de quelle portée, M. de Pascal va nous la mesurer.

Ce principe de l'*idée directrice* domine sa recherche de ce

main, ni Constantin, ni Théodose n'avaient demandé à l'Eglise de consécration religieuse. Quand le moment vint où la Providence voulut avoir en France des rois protecteurs du Saint-Siège et propagateurs de la Foi catholique, saint Remi, comme un nouveau Samuel, donna l'onction sainte au fondateur de la monarchie française.

Ce ne fut que bien plus tard que l'Espagne

---

qu'il appelle avec Bossuet la *suite* de notre histoire, le sens de notre vie nationale, la fonction ethnique, il dit, lui, « la vocation de la France ». Il est chrétien. Il est prêtre. Vous reconnaissez, à ce dernier mot sa foi dans une Providence. Mais il s'en tiendrait à l'attitude positiviste, au déterminisme purement naturaliste, qu'il ne raisonnerait pas d'autre façon. C'est un des cas les plus frappants du complet accord entre les intuitions traditionnelles et les conclusions d'ordre expérimental, quand il s'agit des lois des Sociétés. Qu'un athée déclaré, ou — car l'athéisme n'est pas un état d'esprit scientifique, — qu'un agnostique irréductible veuille bien considérer le phénomène Français comme un simple produit de la Nature Sociale, il trouvera que ce produit se caractérise par les deux principes directeurs qui sont le *credo* héréditaire des traditionnalistes. La France est née, elle a vécu catholique et monarchique. Sa croissance et sa prospérité ont été en raison directe du degré où elle s'est rattachée à son Eglise et à son Roi. Toutes les fois qu'au contraire ses énergies se sont exercées à l'encontre de ces deux *idées directrices*, l'organisation nationale a été profondément, dangereusement troublée. D'où cette impérieuse conclusion, que la France ne peut cesser d'être catholique et monarchique, sans cesser d'être la France, — de même qu'un foie ne peut cesser de produire de la bile sans cesser d'être un foie, — un estomac de sécréter du suc gastrique sans cesser d'être un estomac. — Ces humbles, ces grossières assimilations ne sont que l'énoncé d'une loi qui domine la métaphysique la plus commune. Les philosophes cartésiens en ont donné une expression, axiomatique elle aussi, quand ils ont dit que « tout être tend à persévérer dans son être ». Autant dire que deux et deux font quatre et que la ligne droite est le plus court chemin d'un point à un autre. »

voulut avoir, elle aussi, un roi oint de l'Huile sainte. L'Angleterre, puis les autres nations de l'Europe, exprimèrent ensuite le même désir.

Mais le sacre des rois de France a conservé un cérémonial particulier. Il serait bien long de le reproduire, qu'il suffise d'en signaler les points principaux.

Avant de célébrer la messe du sacre, le prélat consécrateur rappelait au roi ses devoirs :

« Comme aujourd'hui, excellent prince, vous allez recevoir l'onction sainte et les insignes de la royauté par nos mains, et comme (quoique indigne) nous tenons la place du Christ, notre Sauveur, il est bon que nous vous avertissions de la charge que vous allez prendre. Cette place est illustre, mais pleine de dangers, de travaux et de sollicitudes. Considérez que tout pouvoir vient du Seigneur Dieu, *par qui les rois règnent et les législateurs décrètent des lois justes*, et que vous aussi vous aurez à rendre compte à Dieu du troupeau qui vous est confié.

» Et d'abord, gardez la piété, rendez un culte à Dieu, votre Seigneur, de tout votre esprit et d'un cœur pur. *Défendez constamment et contre tous la religion chrétienne et la foi catholique*, que vous avez professée dès votre berceau. Rendez aux prélats et aux autres prêtres l'honneur qui leur est dû. Administrez invariablement la justice, sans laquelle aucune société ne peut durer longtemps, en récompensant les bons et en châtiant les méchants. Défendez contre toute oppression les veuves, les orphelins, les pauvres, les faibles. Montrez-vous avec une dignité royale, doux, affable, plein de bénignité pour ceux qui vous approchent. Conduisez-vous de telle sorte que vous paraissiez régner non dans votre intérêt, mais dans *l'intérêt du peuple entier*, et attendez non de la terre, mais du Ciel, la récompense de vos bienfaits ».

Le prince promettait de défendre la foi catholique, le temporel des Eglises confiées à sa garde et de faire justice à tous (1).

Le peuple acceptait cette promesse et se liait à son tour envers lui.

Le Pontife demandait au peuple s'il *voulait se soumettre à ce prince* et obéir à ses ordres. Ce n'est qu'après la réponse unanime du clergé et du peuple que l'évêque appelait la bénédiction de Dieu sur la tête du prince. Il lui remettait l'épée, la couronne et la main de justice, *prises de dessus l'autel* (2), comme on le lui

1. Suger disait, dès le douzième siècle : « à son couronnement, le Roi délaisse l'épée, la milice séculière, et il ceint le *glaive ecclésiastique* pour la punition des méchants ». « Historiquement, dit M. Paul Bourget, le Roi, en acceptant l'investiture de l'Eglise, affirme sa volonté de maintenir la plus précieuse conquête de la civilisation Romaine sur les barbares, cette unité morale, cette *pax Romana* transposée en *pax Christiana* par un mystère de cette sublime alchimie partout empreinte dans l'univers, pour qui sait penser. Mais si le Roi pour donner à son pouvoir la consécration religieuse, se soumettait ainsi à l'Eglise, il s'y soumettait sans que cette Eglise l'élût. Il était sacré Roi, — héréditairement, — c'est-à-dire qu'il s'affirmait comme le chef national, par droit de naissance, d'une autre unité, l'unité civique, découpée à même l'Empire Romain, et assurée dans son autonomie par des mœurs, des coutumes, des lois à elle.

2. Ceux qui ont voulu déroger à ce cérémonial n'ont pas

faisait remarquer; le métropolitain le faisait asseoir sur le trône en lui disant :

« Sois ferme, et garde l'Etat que tu tiens de la succession paternelle et qui t'est délégué par droit héréditaire, par *l'autorité* du Dieu tout-puissant et par *la tradition* de tous les Evêques et *des autres serviteurs* de Dieu; que le médiateur de Dieu et des hommes t'établisse, sur ce trône royal, le médiateur du clergé et du peuple; et que Notre-Seigneur Jésus-Christ, Roi des rois et Seigneur des seigneurs, te confirme sur le trône de ce royaume et te fasse régner avec lui dans son royaume éternel ».

Tout le droit chrétien était exprimé en ces paroles : 1° le droit humain du prince, l'hérédité; 2° le droit humain du peuple qui approuvait la transmission de la couronne à l'héritier légitime; 3° le droit divin qui investissait le prince « par l'autorité de Dieu tout-puissant et la tradition des évêques »; 4° la royauté souveraine et éternelle du Christ.

Au pouvoir humain qui ne vient pas d'elle mais qu'elle confirme, comme elle confirme le contrat que font entre eux les époux, l'Eglise ajoutait quelque chose, comme elle ajoute au ma-

---

porté bonheur à leur royauté ! Charlemagne fit prendre la couronne par son fils, Louis le Débonnaire; Louis le Débonnaire devait la laisser tomber de sa tête. Napoléon prit lui-même la couronne et posa celle de l'impératrice sur la tête de Joséphine : Joséphine était répudiée quelque temps après et le puissant empereur mourut découronné sur une île perdue au milieu de l'Océan.

Le roi recevait ces insignes de la main de l'archevêque comme pour déclarer bien haut que tout pouvoir vient de Dieu.

riage de droit naturel la grâce du sacrement. Ce quelque chose était une mission et un don : la mission que nous avons vu conférer par les Papes et les empereurs romains, le don surnaturel exposé dans ce qui suit.

Le roi de France était sacré avec le Saint-Chrême, la plus noble des Huiles Saintes, celle qui est employée au sacre des évêques. Lorsque d'autres rois demandèrent à l'Eglise de les sacrer eux aussi, elle ne voulut leur appliquer que l'Huile des catéchumènes.

Le roi était oint à la tête d'abord, comme l'évêque, pour montrer que de même que l'évêque a la première dignité dans le clergé, le roi de France avait la prééminence sur tous les souverains. Il était oint aux mains, comme le prêtre, non pour le ministère de l'autel, mais pour la force à exercer contre les ennemis de l'Eglise et de son peuple, et aussi, comme nous le verrons, pour leur conférer le don des guérisons. Il était oint aux épaules « pour porter le faix des affaires et de la paix et de la guerre ». Il était oint aux coudes « pour les rendre invincibles à ses ennemis ».

L'onction sainte ainsi pratiquée faisait le roi.

On sait que Jeanne d'Arc n'a jamais appelé Charles XII que « gentil dauphin » avant qu'elle l'eût mené sacrer à Reims.

L'onction sainte donnait la personne du roi à la France, de telle sorte que le roi appartenait plus au pays qu'il ne s'appartenait à lui-même.

Après les Etats de l'Eglise, c'est en France que la royauté était la plus dégagée des liens terrestres, la plus spiritualisée, peut-on dire. Le roi était plus véritablement le père de son peuple que de ses propres enfants. Il devait sacrifier ceux-ci à celui-là, et il savait le faire, comme les tables de marbre de Versailles en font foi. Ou plutôt ses enfants n'étaient plus à lui, c'étaient « les fils de France ».

L'onction sainte donnait au roi un certain caractère de sainteté, non point de cette sainteté qui rend l'homme capable de voir Dieu tel qu'il est dans les splendeurs éternelles, mais de celle qui établit des rapports particuliers entre Dieu et telle ou telle de ses créatures. C'est saint Thomas d'Aquin qui les a qualifiées de ce nom : sainteté (1). Et il donne en preuve de leur existence ce qui s'est passé au baptême de Clovis et ce que Dieu a renouvelé de siècle en siècle jusqu'à nos jours.

« Nous trouvons, dit-il, une preuve de cette SAINTETÉ dans les gestes des Francs et du B. Remi. Nous la trouvons dans la sainte Ampoule apportée d'en haut par une colombe pour servir au sacre de Clovis et de ses successeurs, et dans les signes, prodiges et diverses cures opérés par eux. » (*De Reg. Princ.*, II-XVI.)

1. La Vén. Catherine Emmerich parlant de l'institution, le jeudi saint, de la sainte Eucharistie et des sacrements de l'Ordre et de l'Extrême-Onction ajouta : « Il (Jésus) leur (aux apôtres) parla de différentes onctions, en particulier de celles que l'on fait aux rois pour les sacrer, et il leur dit que même les mauvais rois qui ont été sacrés, ont reçu de cette cérémonie une vertu particulière ».

Saint Thomas d'Aquin entend parler ici du pouvoir donné aux rois de France de guérir des écrouelles (1).

C'est un fait constant, appuyé sur le témoignage d'un grand nombre de théologiens, d'historiens et de médecins, que les rois légitimes de la France ont joui de ce privilège. Le vénérable Guibert, abbé au monastère de Saint-Marc à Nogent-sur-Coucy, dans le diocèse de Laon, une des lumières de l'Eglise de France au commencement du XIIe siècle, parle en ces termes de cette prérogative : « Que dirai-je du *miracle journalier* (2) que NOUS VOYONS opérer à notre maître le roi Louis? J'AI VU ceux qui ont des écrouelles au cou ou ailleurs, se presser en foule autour de lui, afin qu'il les touchât en les marquant du signe de la croix; j'étais à ses côtés, et je voulais les en empêcher, mais lui, avec sa bonté naturelle, leur tendait doucement la main et il faisait sur eux le signe de la croix avec beaucoup d'humilité ». Il ajoute que le roi Philippe, père de Louis, avait d'abord exercé, « avec la même facilité ce glorieux pouvoir ». « J'ignore, ajoute-t-il, quelles fautes le lui firent perdre ». Guillaume de Nangis rapporte qu'aux paroles usitées : *Le roi te touche, Dieu te guérisse*, dites

1. C'est à saint Marculfe, vulgairement Marcoul que les rois de France étaient redevables de ce merveilleux privilège. Il était Breton, de noble famille; il distribua ses biens aux pauvres et vécut en ermite et en missionnaire dans le diocèse de Coutances. Il demanda à Childebert Ier la terre de Nanteuil, près de cette ville pour y bâtir un monastère. Il mourut vers le milieu du VIe siècle, le 1er mai.

2. Ce pouvoir n'était point borné aux jours du sacre.

pour la guérison des scrofuleux « desquels Dieu a accordé aux rois de France une grâce singulière », le roi saint Louis avait coutume d'ajouter le signe de la croix parce qu'il désirait que la guérison fût attribuée au signe salutaire de la Rédemption. Ce qui continua d'être observé dans la suite. Etienne de Conty, savant moine de Corbie en 1400, dans son histoire manuscrite du roi de France dit : *Est veritas quod innumerabiles sic de hac infirmitate fuerunt sanati per plures reges Franciæ.*

Guiart, le poète-soldat, chante ainsi ces guérisons :

Tout seulement par le touchier
Sans emplastre dessus couchier
Ce qu'autres roys ne peuvent faire.

Le moine Ives de Saint-Denis a laissé la relation des dernières paroles de Philippe le Bel expirant à son fils aîné : « Devant le confesseur, seul, secrètement, lui enseigna comment il devait faire pour toucher les malades, et les paroles saintes lui enseigna qu'il avait coutume de prononcer quand il les touche. Semblablement, il lui dit que c'était à grande révérence, sainteté et pureté qu'il devait ainsi toucher les infirmes, nettoyé de conscience et de mains ».

André du Laurens, que le livre de Raison publié par M. Charles Ribbes a montré dans le cadre d'une famille si honnête et si chrétienne, étant premier médecin d'Henri IV, apporte son témoignage en ces termes : « N'est-ce pas une chose merveilleuse qu'une maladie rebelle et souvente fois incurable soit parfaitement guérie par le seul attouchement des rois très chrétiens et par quelques paroles prononcées de leur bouche » (1).

Louis XIV et Louis XV opérèrent encore des guérisons de scrofules et d'écrouelles : il en reste de nombreux procès-verbaux. Le Bolonnais Locatelli et un Allemand le Dr Nemeitz rapportent avoir vu au Louvre les malades atteints de scrofules et d'écrouelles rangés sur deux longues files. Louis XIV posait la main sur chacun d'eux disant : « Dieu te guérisse ». Puis, il l'embrassait. Il y avait là parfois huit cents malheureux atteints de ces maladies dégoûtantes. Pour arriver jusqu'au bout, observe le narrateur, il fallait plus que du courage.

A tous ces témoignages ajoutons celui d'un ami de Voltaire, le marquis d'Argenson. Il dit dans ses *Mémoires :* « Au sacre du roi à Reims, un homme d'Avesnes qui avait des écrouelles terribles alla se faire toucher du roi. Il guérit absolument. J'entendis dire cela. Je fis faire une procédure et information de son état précédent et

1. Le pèlerinage à Corberry, au diocèse de Laon que le roi faisait après le sacre, se passait ainsi : les moines allaient processionnellement à la rencontre du roi; ils lui remettaient entre les mains la tête de saint Marcoul, que le prince portait lui-même à l'église et replaçait sur l'autel. Le lendemain, le roi, après avoir entendu la messe et prié, touchait le visage des malades, en faisant sur eux le signe de la croix et en prononçant ces paroles : « Le roi te touche, Dieu te guérit ». Les malades devaient faire une semaine de jeûne et de retraite.

subséquent, le tout bien légalisé. Cela fait, j'envoyai les preuves de ce miracle à M. de la Vrillière, secrétaire d'Etat de la province (I, 201). »

Enfin nous avons sous les yeux un double récit de ce qui se passa au sacre de Charles X, l'un fait par l'*Ami de la religion*, livraison du 9 novembre 1825 (T. XLV, p. 401), l'autre par les *Tablettes du Clergé*, livraison de novembre 1825.

Plusieurs personnes avaient été d'avis de supprimer cette cérémonie pour ôter un prétexte aux dérisions de l'incrédulité, et l'on donna l'ordre de renvoyer les scrofuleux. Ils se lamentèrent, le roi envoya une somme d'argent à leur distribuer. Ils dirent que ce n'était point cela qu'ils voulaient. M. l'abbé Desgenettes, alors curé de la paroisse des Missions Etrangères, plus tard curé de Notre-Dame des Victoires, qui était logé à Saint-Marcoul, voyant leur désolation, alla plaider leur cause, et le roi annonça sa visite pour le 30 mai à l'hospice. Les malades furent visités par M. Noël, médecin de l'hospice, et par M. Dupuytren, premier chirurgien du roi, afin de ne présenter que des malades vraiment atteints d'écrouelles.

Il en restait cent trente. Ils furent présentés successivement au roi par les docteurs Alibert et Thévent de Saint-Blaise. Le roi les toucha en prononçant la formule traditionnelle. Le premier guéri fut un enfant de cinq ans et demi, M. Jean-Baptiste Camus; il portait quatre plaies. La seconde fut une jeune fille de douze ans,

Marie-Clarisse Faucheron; elle portait une plaie scrofuleuse à la joue depuis l'âge de cinq ans. La troisième, Suzanne Grévisseaux, âgée de onze ans; elle présentait des plaies et des tumeurs scrofuleuses. La quatrième, Marie-Elisabeth Colin, âgée de neuf ans, portait plusieurs plaies. La cinquième Marie-Anne Mathieu, âgée de quinze ans, avait une tumeur scrofuleuse et une plaie au cou. On dressa procès-verbal de ces guérisons et on attendit cinq mois avant de la clore et de la publier, afin de s'assurer que le temps les confirmerait. « Saint Marcoul ne put obtenir davantage de guérisons, observe un historien de l'abbaye, comme il arriva à Jésus lui-même, à cause de leur incrédulité ».

Le savant pape Benoît XIV a cru au privilège des rois de France aussi bien que saint Thomas d'Aquin. Il montre qu'il y a des grâces miraculeuses, qui ne sont pas accordées à raison de la sainteté de celui qui en est l'instrument, puis il ajoute : « Citons, par exemple, le privilège qu'ont les rois de France de guérir les écrouelles, non par une vertu qui leur est innée, mais par une grâce qui leur a été accordée gratuitement, lorsque saint Marcoul l'obtint de Dieu pour tous les rois de France. »

La mission que la France devait accomplir par ses rois était, nous l'avons vu, descendue du cœur de Dieu dans le cœur des papes et des évêques; la bouche des pontifes l'avait confiée aux rois, et la conduite quatorze fois séculaire des souverains l'avait imprimée aux cœurs des Français.

La loi salique en fut dès le premier jour la vive expression (1), en voici le premier prologue :

---

1. Les travaux les plus sérieux de l'érudition contemporaine, établissent que la rédaction latine de la loi salique fut d'abord promulguée par Clovis avant sa conversion au christianisme, c'est-à-dire de l'an 481 à l'an 496; et que le roi, après sa conversion, de 497 à 511, ajouta un certain nombre de titres; ce que firent, à son exemple, ses successeurs. Le précieux manuscrit 4404 de la Bibliothèque nationale, publié par M. Pardessus, passe pour le texte le plus ancien et le plus complet de la loi salique. Elle a été rédigée et promulguée, selon toutes les probabilités, dans la Toxandrie, dans cette partie nord de la Belgique, entre l'Escaut et le Bas-Rhin, où Julien permit aux Saliens de résider.

La loi est précédée de deux prologues ajoutés après la conversion de Clovis, un grand et un petit, et suivie d'un épilogue. Le grand prologue, *Gens Francorum*, est reproduit, dit M. Laferrière (*Histoire du Droit français*, tome III, p. 78 et suivantes), dans onze manuscrits, dont plusieurs sont antérieurs à la révision de Charlemagne, et le récit qu'il contient est confirmé par un autre prologue, *Placuit atque convenit*, plus simple par l'expression, identique par les faits, lequel accompagne le grand prologue dans cinq des onze manuscrits.

Ce grand prologue se retrouve dans une compilation du VIIIe siècle, le recueil des *Gesta Francorum*. Quelques critiques ont cru pouvoir attribuer la paternité de cet admirable monument historique au compilateur du VIIIe siècle. Le caractère même du document ne laisse pas cette hypothèse debout. Charlemagne a revisé la loi salique. Il reste de cette loi revisée, *lex emendata*, une cinquantaine de manuscrits connus. L'œuvre de Charlemagne n'a pas altéré celle de Clovis, elle y a seulement ajouté des dispositions nouvelles rendues nécessaires par l'état des mœurs et les intérêts de l'Eglise et de la société.

Le grand prologue est appelé dans l'un des plus anciens manuscrits *Laus Francorum*, et c'est bien le nom qu'il mérite. Rien n'a été écrit qui ne soit plus à l'honneur de notre race. « On sent en le lisant, dit M. Ginoulhiac (*Histoire générale du Droit français*, 1884, p. 143), qu'on est encore à une époque voisine de la conquête, sous l'influence des victoires récentes de Clovis et de la défaite des Romains. C'est, au surplus, ce que nous apprend le rédacteur du

« L'illustre nation des Francs, *constituée par la main de Dieu*, forte dans la guerre, ferme dans les traités de paix, profonde dans le conseil, d'une noble stature, d'une beauté primitive de sang et de forme, pleine de courage, de promptitude et d'élan, *convertie récemment à la foi catholique et exempte d'hérésie;* lorsqu'elle était encore dans l'état barbare, cherchant la science sous l'inspiration de Dieu, désirant la justice et gardant la piété selon ses mœurs, dicta la loi salique par l'organe des grands, ses chefs élus parmi plusieurs, du nom de Wisogast, Bodogast, Salegast, Wodogast, lesquels, dans trois assemblées réunies aux lieux appelés *Saluchem*, *Bodochen* et *Widochem*, après avoir discuté soigneusement les origines de toutes les causes et traité

---

prologue lui-même par ces mots : *Ad catholicam fidem* NUPER *conversa*, qui indiquent par sa rédaction une époque voisine de la conversion de Clovis au catholicisme. »

On ne possède que des textes latins de la loi salique; il est probable cependant que la première rédaction en a été faite en langue franque, mais cette rédaction a dû être orale et non écrite. Les Francs, avant le VIIIe siècle, n'avaient pas de langue écrite. C'est là, pour le dire en passant, ce qui explique la rareté des documents relatifs à nos origines. Quand l'école hypercritique, avec son dédain des traditions, rejette les souvenirs les mieux établis, par ce seul argument qu'il n'y a pas de documents, elle oublie que les Francs n'écrivaient pas, mais conservaient dans des chants la mémoire de leurs fondateurs et des événements marquants de leur vie nationale. Ceux-là seuls qui possédaient la langue latine pouvaient fixer par l'écriture leur pensée, et c'était alors le très petit nombre. Quoi qu'il en soit, et pour nous en tenir à notre sujet, nous dirons avec l'historien du droit français, M. F. Laferrière, inspecteur général des Facultés de droit : « Il faut regarder les prologues et l'épilogue de la loi salique comme des documents authentiques (*Histoire générale du Droit français*, 1881, p. 79). » (*Semaine religieuse de Rouen*).

de chacune en particulier, décrétèrent le jugement suivant.

» Mais dès que, par la grâce de Dieu, le roi des Francs, grand et invincible, Clovis, eut reçu le baptême catholique, ce qui ne convenait plus dans le pacte fut lucidement corrigé tant par le roi vainqueur que par Childebert et Clotaire. « VIVE LE CHRIST QUI AIME LES FRANCS »! que le Seigneur *Jésus-Christ garde leur royaume* et remplisse les chefs de sa lumière et de sa grâce; qu'il protège leur armée, soutienne leur foi et accorde à leur piété la joie, le bonheur, la paix et la durée de leur domination!

» C'est cette race d'hommes, en effet, qui, peu nombreuse encore, mais vaillante et forte, secoua dans les combats et rejeta de sa tête le joug si dur des Romains; ce sont les Francs qui, après leur admission au baptême, recherchèrent et couvrirent d'or et de pierres précieuses les corps des saints martyrs que les Romains avaient mutilés par le fer, livrés aux flammes ou jetés aux bêtes féroces pour être dévorés ».

Un peu plus tard, l'Eglise de France demanda, dans l'oblation même du saint sacrifice, la grâce pour les Français de toujours faire les œuvres que sa vocation lui imposait :

« Dieu tout-puissant et éternel, qui, pour servir d'instrument à votre divine volonté dans le monde, et *pour le triomphe et la défense de votre sainte Eglise, avez établi l'empire des Francs,* éclairez toujours et partout leurs fils de vos divines lumières, afin qu'ils voient ce qu'ils doivent faire pour établir votre règne dans le monde, et que, persévérant dans la charité et dans la force, ils réalisent ce qu'ils auront vu devoir faire par Notre-Seigneur Jésus-Christ... » (1).

Ce n'est pas seulement au saint autel que la France portait le sentiment inné de sa sublime mission. Dans l'une de ses chansons de geste, elle se glorifiait de ce que Dieu eût fait couronner par les anges son premier roi pour être son sergent.

Le premier roi de France fit Dieix par son command,
Couronner à ses anges dignement en chantant,
Puis le commanda être en terre son sergent.

Dans le mystère d'Orléans, elle-même se définissait ainsi :

C'est le royaume qui soutient
Chrétienté et la maintient!

L'un de ses dictons marquait la nécessité de l'union du sacerdoce et du roi, ou, comme on dit aujourd'hui de l'Eglise et de l'Etat, pour l'accomplissement de cette mission et les malheurs qui résulteraient de leur séparation :

Mariage en de bon devis,
De l'Eglise et de fleurs de lis.

---

1. Cette prière est tirée d'un missel du IXe siècle. On la fait remonter jusqu'au VIIe siècle. (Dom Pitra, *Histoire de saint Léger*, Introduction, p. XXII.)

Quand l'un de l'autre partira,
Chacun d'eux s'en ressentira (1).

Les monnaies que les rois faisaient graver, et que le peuple avait journellement en mains, étaient faites avec l'intention marquée de maintenir dans le public la pensée du rôle dévolu à la France et de le porter à en rendre grâces au divin Roi (2).

---

1. Guillaume de Nangis dans la *Chronique de Saint Louis* explique de curieuse et prophétique façon le symbolisme de l'écu de France.

« Puisque Notre Père Jhésus-Christ vaut espécialment, sur tous autres royaumes, enluminer le royaume de France de Foy, de Sapience et de Chevalerie, li Roys de France accoustumèrent en leurs armes à porter la fleur de liz paincte par trois fuellies, ainsi come se ils deissent a tout le monde: Foy, Sapience et Chevalerie sont, par la provision et par la grâce de Dieu, plus habondamment dans nostre royaume que en ces aultres. Les deux fuellies qui sont oeles (ailes) signefient Sapience et Chevalerie qui gardent et déffendent la tierce fuellie qui est au milieu de elles, plus longue et plus haute, par laquelle Foi est entendue et segneufiée, car elle est et doibt estre gouvernée par Sapience et deffendue par Chevalerie. Tout come ces trois grâces de Dieu seront fermement et ordènement jointes ensemble au royaume de France, li royaume sera fort et ferme; et se il avient que elles soient ostées et desseurées (séparées), le royaume cherra en désolacion et en destruiement. »

Le royaume est en « désolacion et en destruiement ». Pourquoi? Depuis le XVIIIe siècle Sapience royale a cessé de le gouverner et Chevalerie a cessé de défendre la Foi.

2. La Croix est sans contredit le signe le plus caractéristique de Jésus-Christ et de sa royauté : comme le dit l'Eglise après David : *Regnavit à ligno Deus.*

Les premières monnaies frappées par nos rois au commencement du VIe siècle portent ce signe auguste. Depuis lors, la croix n'avait cessé d'occuper sur nos monnaies la place d'honneur dans le champ du revers. Qu'on parcoure nos collections de médailles, publiques ou privées, qu'on examine les *sous* d'or et les *triens*, les *deniers* d'argent et les oboles de la première et de la seconde race de nos rois, et

On lisait sur nos monnaies d'or :

Christus vincit, Christus imperat, Christus regnat.

Et sur nos monnaies d'argent :

Sit nomen Domini benedictum.

Et plus chrétiennement encore, sur celles de Philippe-Auguste :

Sit nomen Domini nostri Dei Jesu Christi benedictum.

Ailleurs :

Lilium elegisti tibi.

« Le Christ est vainqueur, il commande, il règne; — Que le nom de Jésus-Christ, Notre-Seigneur et notre Dieu, soit béni. — Il s'est réservé les lis ».

Jésus s'est réservé le royaume des lis!

Ce que nos rois se plaisaient à reconnaître ainsi publiquement, le divin Sauveur l'avait fait dire par l'Archange à Jeanne d'Arc (1). Il le redit de nos jours à Marie Lataste : « Le premier souverain de la France c'est moi (2) ». C'est donc qu'il n'a point renoncé à cette souveraineté, qu'il ne nous a point rejetés, qu'il ne veut point nous abandonner au malheureux sort que nous nous sommes fait en nous séparant de Lui (3); et que dans sa Puissance et sa Sa-

les monnaies d'or, d'argent, de billon et de cuivre de la troisième, partout on verra la croix s'y montrer sous toutes les formes.

1. Wallon, t. I, p. 92. Edit. in-12.

2. Œuvres, t. III, p. 405.

3. Le gallicanisme a été la première et principale cause de la Révolution. L'indépendance de la puissance sécu-

gesse infinies, il veut disposer les choses pour que nous reprenions son joug et que nous reconnaissions de nouveau la dignité à laquelle il a bien voulu nous appeler dès nos origines.

Ainsi s'accompliront les prophéties sur la durée de la France jusqu'à la fin des temps. « Les Francs, écrivit Agathon dès le temps de Justinien, brillent par leur foi parmi tous les peuples chrétiens. Leur empire sera très grand, très fermement établi : il aura une durée toute divine » (1).

Tels sont nos origines, nos traditions, les titres de noblesse qui nous avaient mis à la tête des nations et qui nous y replaçaient après nos chutes. Quelques années après son avènement, Henri IV, voyant l'ambassadeur d'Espagne étonné de la prospérité de la France et de la transformation de Paris, lui dit : « LE PÈRE DE FA-

---

lière, proclamée par le premier article de la Déclaration de 1682, est devenue la base de toutes les constitutions modernes.

1. « Il n'y a jamais eu de monarchie, dit Le Bret, qui ait si longtemps duré en sa splendeur, n'y qui dans l'estat où elle est à présent ne puisse se promettre plus de gloire et de félicité que celle de la France; car, bien que sa fortune ait été souvent agitée de furieuses tempêtes qui lui ont esté souvent suscitées ou par l'envie de ses voisins ou par la propre malice de ses peuples, toutesfois Dieu l'a toujours relevée au-dessus de l'orage et l'a rendue plus puissante qu'elle n'estoit auparavant, si qu'un signalé personnage de ce siècle dit avec raison :

» *Magna regni Gallorum fortuna, sed semper in malis major resurrexit.*

» Nous devons espérer qu'elle ne pourra jamais être ébranlée, tandis que les rois continueront à maintenir en son lustre la religion, de chérir leurs peuples et de leur faire part de la félicité que Dieu leur donne ». (*Traité de la souveraineté du Roy*, L. I, ch. I.)...

MILLE N'Y ÉTAIT PAS, mais tout prospère depuis qu'il prend soin de ses enfants ».

A l'heure actuelle nous avons renoncé à ces traditions, et c'est ce qui fait notre ruine. « Malheur aux peuples qui renient leur passé, s'est écrié un libre-penseur, d'esprit très moderne, M. Viollet-Leduc (1). Il n'y a pas d'avenir pour eux. » C'est en effet l'esprit d'un peuple qui fait sa vie. Et cet esprit se compose des sentiments puisés aux mêmes sources religieuses, de la gloire recueillie aux mêmes champs d'honneur, de l'amour des anciennes institutions.

Aussi, M. Leroy-Beaulieu a-t-il pu dire : « Le jour où la France, pour obéir aux sommations de l'anticléricalisme, aura lâchement abdiqué ses fonctions de grande nation catholique, ce sera pour nous le signal de la décadence définitive, de l'irrémédiable déchéance, préparée par des mains françaises. La politique de l'anticléricalisme est, pour la France, une politique de suicide national. »

Nous ne le voyons que trop.

---

1. Préface du Dictionnaire d'architecture.

ÉPILOGUE

Nulla gens est ita sollicita circa regem suum sicut apes.
Unde regi incolumi omnibus mens una est ;
Amisso rumpere fidem, constructa que mella rumpere ;
Et si moritur, moriuntur et ipsæ.
S. CHRYSOST. In policraticio, Lib. VII.

Quel que soit l'état où nous sommes réduits, ne cessons pas d'espérer. Il y a du châtiment en ce que nous souffrons. Mais si Dieu punit, il ne se repent pas de ses dons. Un jour où l'autre, il ramènera la France dans les voies de sa jeunesse. Plusieurs ont le pressentiment que ce sera bientôt.

M. Edouard Drumont, malgré son pessimisme habituel, terminait son article du 27 juillet 1905, par ces mots : « On peut parfaitement concevoir, à la suite d'événements qui ne tarderont pas à se produire, une reconstitution des éléments français, des éléments de race autour d'un chef personnifiant cette race ».

Le patriotisme, à défaut de la foi, ouvre les yeux à bien des publicistes, sur les conditions nécessaires de notre vie nationale. L'étude approfondie de l'histoire de France, des causes qui ont fait sa prospérité et sa prépondérance dans le monde, et de celles qui font sa décadence, les a convaincus que les destinées de notre pays sont intimement liées à celles du catholicisme, et qu'il n'y a qu'une chose qui puisse nous rendre avec la vie le rang qui nous appartient : retremper l'âme française dans l'esprit du passé. Mirabeau avait donné tout l'argument de la Révolution en ce peu de mots : « Il faut décatholiciser la France pour la démonarchiser, et la démonarchiser pour la décatholiciser. » C'est toujours le même mot d'ordre.

« Il n'y a que le christianisme, dit le positiviste Taine, pour enrayer le glissement insensible par lequel incessamment et de tout son poids originel notre race rétrograde vers ses bas-fonds; et le vieil Evangile est encore aujourd'hui le meilleur auxiliaire social. »

Et M. Brunetière :

« C'est une illusion de croire qu'on triomphera avec un vague libéralisme de l'action combinée du jacobinisme et de la franc-maçonnerie... *Ceux-là sont aveugles qui ne voient pas que le programme de nos adversaires, étant de déchristianiser la France, nous fuyons le combat et livrons la patrie, si nous feignons de croire que la lutte est ailleurs* ».

Dans un livre qu'il vient de publier : *Le Sentiment religieux en France*, M. Lucien Arréat, qui met toutes les religions sur le même rang et qui paraît n'en avoir aucune, est amené à reconnaître ceci (p. 27) : « L'âme française porte l'empreinte du catholicisme, cela n'est pas contestable ». Et un peu plus loin (p. 31) : « Le déclin de la religion catholique a pu passer parmi nous pour un très grand avantage, aussi longtemps que les espérances de l'école encyclopédique ont brillé devant nos yeux, et que la fortune de notre patrie n'avait pas été mise en péril. Il n'en est plus tout à fait ainsi depuis quarante ans; nos agitations désordonnées nous ont conduit à une crise funeste, à une de ces batailles qui changent la destinée des nations ».

Et encore : « La ruine des idées traditionnelles ne décide trop souvent que le retour à un état inférieur, non pas seulement dans les classes dirigées, mais dans celles encore qui ont le vernis de la plus haute culture » (p. 91).

M. Léon Daudet terminait récemment un article intitulé : *Les Chemins de Damas* (1), par ces lignes :

« La vérité est que les Français d'hérédité catholique, que les désaffectés du catholicisme qui se croient le plus loin de la croyance de leurs ancêtres, ne sont séparés de celui-ci que par un mince rideau, qu'ils prennent pour un mur blindé... Ce mince rideau, qui sépare de la foi les hommes de tempérament catholique, n'a jamais été plus flottant qu'à notre époque, où d'une part la surabondance des notions, la suractivité intellectuelle provoquent et nécessitent des crises du sensible, — où d'autre part la cause de la

1. *La Libre Parole*, numéro du 12 avril 1903.

Religion et celle de la Race apparaissent comme inséparables. C'est pourquoi le chemin de Damas n'a jamais été plus fréquenté, plus carrossable. Je prévois que beaucoup de nos contemporains s'y engageront en automobile. Le goût effréné de la vitesse s'appliquera même à la conversion ».

Presque chaque semaine nous trouvons ces idées exprimées dans des journaux, dans des revues, dans des livres où on eût été bien étonné de les trouver il y a quelques années. La vérité exprimée par L. Veuillot devient de plus en plus évidente aux yeux de qui sait voir :

« Le temps du *milieu* est passé, il n'y a d'avenir dans le monde que pour les socialistes comme Proudhon, ou pour les catholiques comme nous, parce que le monde est arrivé à un point où il doit périr ou renaître. *Tous les entre-deux seront broyés par la destruction ou rejetés avec dédain par la reconstruction* ».

A quand cette reconstruction? Non prières peuvent en hâter l'heure (1).

---

1. La sainte Eglise a encouragé dès avant le XIIIe siècle et à Rome même la prière pour le roi de France.

A Saint-Louis-des-Français, on lit sur chacun des piliers qui font face à la porte d'entrée :

QUICUNQUE ORAT PRO REGE FRANCIÆ HABET DECEM DIES INDULGENCIÆ, A PAPA INNOC. IV. *Quiconque prie pour le roi de France gagne dix jours d'Indulgence, accordés par le pape Innocent IV.*

Saint Thomas d'Aquin a recueilli cette inscription et l'a insérée dans la *Somme théologique* et dans le *Livre des Sentences*, (*in Supp.* XXV, *art.* III, *ad.* 2 et in IV *sent.* Dist. XX, *q.* 1, art. III.)

Même inscription à Saint-Claude des Bourguignons.

Un corps ne peut être sans tête; et le corps social, pas plus qu'un autre corps, ne peut vivre, et surtout se reconstituer sans l'influence de l'âme qui, de la tête, actionne les autres membres.

Depuis plus d'un siècle, la France est décapitée. Faut-il donc s'étonner de l'état de décomposition où elle se trouve?

Si Dieu a pitié de nous, il semble que sa première œuvre de miséricorde sera de replacer au sommet de la pyramide que les familles constituent en toute société, la famille qui, durant tant de siècles, a été la première, et qui par un travail lent a rassemblé autour d'elle les éléments de la nationalité française (1), les pétrissant de ses mains puissantes pour en faire un peuple un, et y versant son âme pleine de la pensée que Clovis reçut du ciel au jour de son baptême.

M. Buffet, le président de l'Assemblée natio-

---

1. « L'histoire de mes ancêtres, a dit en toute vérité le comte de Chambord, est l'histoire de la grandeur progressive de la France ».

Leur politique habile et invariable nous donna le Berry sous Philippe Ier; la Normandie et la Touraine sous Philippe-Auguste; le Languedoc sous saint Louis; la Champagne et le Lyonnais sous Philippe-le-Bel; le Dauphiné sous Philippe VI; le Limousin, la Saintonge, l'Angoumois, l'Aunis et le Poitou sous Charles-le-Sage; la Guyenne sous Charles VII; la Bourgogne, la Provence, l'Anjou, le Maine sous Louis XI; la Bretagne sous Charles VIII; le Bourbonnais, la Marche et l'Auvergne sous François Ier; Metz, Toul et Verdun, sous Henri II; la Navarre, le Béarn, le Périgord, le comté de Foix, sous Henri IV; l'Alsace, le Roussillon, l'Artois sous Louis XIII; la Flandre, la Franche-Comté, le Nivernais, sous Louis XIV; la Lorraine, la Corse sous Louis XV; l'Algérie sous Charles X.

Telle fut l'œuvre de la Monarchie.

nale, aimait à dire à son fils sur ses derniers jours :

« Un doute, un doute profond et croissant ne cesse, depuis quelques années, de nous tourmenter. Après tant de malheurs passés, devant tant de crises présentes et tant d'autres qui se préparent, j'en suis aujourd'hui à me demander si la France peut encore être sauvée...

» Je crois cependant que le salut est encore possible. Mais voici la dernière certitude de ma vie : Si la France doit être sauvée, elle ne le sera que par la monarchie ».

Non par une monarchie quelconque, comme on la voulait de 1871 à 1875, mais la vraie monarchie française et chrétienne; dans les conditions toutefois que demandent les occurrences du siècle présent.

M. de Lur-Saluces a fort bien dit :

« Le rôle du roi de France ne saurait consister à tenter cette œuvre absurde qui serait désastreuse si elle n'était impossible, et qui consisterait à vouloir forcer un pays à revivre sa vie à rebours. On n'arrête pas plus l'évolution d'un peuple que celle d'un corps vivant quelconque; le rôle du pouvoir est de la régulariser et de la diriger sans l'entraver, de façon à la rendre féconde...

» La monarchie, c'est un centre fixe. Je ne saurais mieux la comparer qu'à un de ces pivots qui, sans être immobiles, demeurent à la même place, cependant que le reste de leur appareil évolue. Ce pivot rétabli, l'ancienne évolution régulière et heureuse pourra recommencer. « Ensemble et quand vous voudrez, nous reprendrons le grand mouvement de 1789 ». Cette invitation du comte de Chambord à la France trace, il me semble, le programme de la royauté future ».

Mgr Gerbet, dans ses *Esquisses de Rome chrétienne*, rappelle un fait dont nous verrons, il faut l'espérer, la reproduction.

Parlant de la basilique Ulpienne, il dit :

« Dans cette même basilique, Constantin convoqua une assemblée du peuple romain. L'Empereur se plaça dans l'abside... De là s'est fait entendre une des proclamations les plus solennelles dont l'histoire ait conservé le texte, celle qui annonça officiellement les funérailles du monde païen et le couronnement chrétien du monde nouveau.

» Du haut de cette tribune, Constantin adressa ces paroles à l'assemblée :

« Les funestes divisions des esprits ne peu» vent avoir une heureuse fin, tant que nul » rayon de la pure lumière de la vérité n'a éclai» ré ceux qu'enveloppent les ténèbres d'une igno» rance profonde. Il faut donc ouvrir les yeux » des âmes. C'est de cette manière que doit mou» rir l'erreur de l'idolâtrie. Renonçons à cette » superstition que l'ignorance a enfantée et que » la déraison a nourrie. Que le Seigneur unique » et vrai, qui règne dans les cieux, soit seul » adoré... »

» ... Alors la voix du peuple éclata et fit entendre pendant l'espace de deux heures ces acclamations :

« Malheur à ceux qui nient le Christ! Le Dieu des chrétiens est le seul Dieu! Que les temples soient fermés et que les églises s'ouvrent!

» Ceux qui n'honorent pas le Christ sont ennemis des Augustes! ceux qui n'honorent pas le Christ sont ennemis des Romains! Celui qui a sauvé l'Empereur est le vrai Dieu!

» CELUI QUI HONORE LE CHRIST TRIOMPHERA TOUJOURS DE SES ENNEMIS! » (1).

Un jour ou l'autre, un prince dira à la France : « Les funestes divisions des esprits ne peuvent avoir une heureuse fin tant que la pure lumière de la vérité n'aura pas éclairé les ignorants... Il faut ouvrir les yeux des âmes ». Comme Constantin, il demandera cette lumière au Vicaire de Jésus-Christ; et comme le peuple romain de ce temps-là, le peuple français s'écriera : « Le Dieu de nos pères est le seul Dieu! Que les loges soient fermées et que les églises s'ouvrent. Le peuple qui honore le Christ triomphera toujours de ses ennemis! »

De ce jour, mais de ce jour-là seulement, la

1. Leibnitz exprimait déjà ce vœu il y a deux siècles: « Si nous étions assez heureux pour qu'un grand monarque voulût prendre à cœur les intérêts de la religion. pour rapporter toutes les découvertes présentes et futures à la louange du Maître suprême de l'univers et à l'accroissement de l'amour divin, qui ne saurait être sincère en nous sans renfermer aussi la charité envers les hommes, on avancerait plus en dix ans pour la gloire de Dieu et le bonheur humain qu'on ne fera autrement en plusieurs siècles. »

RÉVOLUTION aura cessé d'être et la RÉNOVATION commencera. Elle commencera non seulement pour la France, mais pour l'Europe et pour le monde.

Au jour des grands pèlerinages à Paray-le-Monial, des milliers de chrétiens, Belges, Américains, Anglais, Italiens aussi bien que Français, portaient au Ciel tout d'une voix cette supplication :

Dieu de clémence,
O Dieu vainqueur,
Sauvez Rome et la France
Par votre Sacré-Cœur.

Pourquoi cette prière qui associe dans une même pensée le salut d'un peuple et l'indépendance du Saint-Siège, était-elle commune aux pèlerins de toutes les races? N'est-ce pas que chez tous se trouve le sentiment de la mission donnée à la France et l'instinct secret du rôle qu'est encore appelée à jouer cette nation privilégiée, coutumière de relèvements soudains?

« Voici une affirmation qui ne souffre pas de démenti, écrivait à cette époque Mgr Pie, c'est qu'au delà des monts, ceux qui attendent et ceux qui redoutent le rétablissement de l'ordre chrétien dans le monde, sont d'accord pour ne le juger possible et réalisable que par la France. Quand et comment, me dites-vous? Ce n'est pas la question, et c'est le secret de Dieu seul ».

TABLE DES MATIÈRES

CHAPITRE I.

COMMENT SE FORMENT LES ÉTATS.

CHAPITRE II.

LES ÉTATS DOIVENT CONSERVER LE TYPE FAMILIAL.

CHAPITRE III.

L'UNION, LOI SOCIALE.

CHAPITRE IV.

D'OU VIENT LA PROSPÉRITÉ DES PEUPLES ET D'OU LEUR DÉCADENCE.

CHAPITRE V.

QUEL SORT L'ARISTOCRATIE D'ARGENT SE RÉSERVE-T-ELLE ET RÉSERVE-T-ELLE A LA FRANCE ?

CHAPITRE VI.

LE SALUT EST DANS LE RETOUR A LA PAIX SOCIALE.

CHAPITRE VII.

LA RÉFORME DOIT COMMENCER PAR LA RECONSTITUTION DE LA FAMILLE.

CHAPITRE VIII.

FAMILLES SOUCHES.

CHAPITRE IX.

FAMILLES TRADITIONNELLES.

CHAPITRE X.

AUTORITÉ DU PÈRE. — SAINTETÉ DE LA MÈRE. — CULTE DES ANCÊTRES.

CHAPITRE XI.

RECONSTITUTION DU CORPS SOCIAL.

CHAPITRE XII.

LA FRANCE, SES ORIGINES ET SA MISSION.

ÉPILOGUE.

IMP. DESCLÉE, DE BROUWER ET Cie, LILLE. — 7393

www.ingramcontent.com/pod-product-compliance
Ingram Content Group UK Ltd.
Pitfield, Milton Keynes, MK11 3LW, UK
UKHW012207240726
13966UKWH00002B/623

9 782011 931689